Aktien und ETFs für Einsteiger

Der vollumfängliche Guide zur Börse: Wie Sie durch minimalen Aufwand in Aktien und ETFs investieren, passives Einkommen aufbauen und maximale Rendite erwirtschaften

William Brady

ISBN – 9798784646712

Inhaltsverzeichnis

Aktien: Grundlagen, Hintergrundwissen, Know-How

Auf dem Aktienmarkt konnten in den letzten Jahrzehnten häufig extreme Entwicklungen verzeichnet werden. Es kam zu außerordentlichen Gewinnen, aber auch zu hohen Verlusten. Einerseits gelten Aktien als bequeme Möglichkeit, mit geringem Kapitaleinsatz hohe Renditen zu erzielen. Andererseits werden sie als Spekulationsobjekt betrachtet, das nur jenen Anlegern Gewinne bringt, die die Entwicklungen am Aktenmarkt lesen und verstehen können.

Beides ist in gewisser Weise richtig, oder, anders formuliert, keines dieser Extreme ist richtig. Die Wahrheit liegt, wie so oft, in der Mitte: Aktien sind nach wie vor eine gute Möglichkeit, mit geringem Kapitaleinsatz und geringem Aufwand vergleichsweise hohe Renditen zu erzielen. Dennoch hängt der Erfolg am Aktienmarkt davon ab, wie verantwortungsvoll die Marktteilnehmer agieren. Zu einem solch verantwortungsvollen Agieren zählt auch, sich das notwendige Know-How über Aktien anzueignen:

- Was sind Aktien?
- Wie funktionieren Aktien?

- Wie viel Risiko steckt in der Aktienanlage?
- Welche Strategien gibt es bei der Aktienanlage?

Im ersten Kapitel dieses Ratgebers finden Sie Informationen zu all diesen Fragen.

Was sind Aktien?

Wegen ihrer hohen Renditechance werden Aktien immer beliebter und zählen bei immer mehr privaten Anlegern zu den beliebtesten Investitionsmöglichkeiten. Der Aufwand ist vergleichsweise gering: Um am Aktienmarkt erfolgreich investieren zu können, ist es notwendig, Unternehmen zu analysieren und Aktienkurse zu vergleichen. Beides ist einfach, wenn man das notwendige Know-How besitzt. Zudem helfen Digitalisierung und Internet dabei, die notwendigen Informationen einfacher beschaffen und miteinander vergleichen zu können. Auch Gesetze, die mehr Einsicht in die Jahresabschlüsse und Berichte der Unternehmen sicherstellen, vereinfachen die Investition auf dem Aktienmarkt.

Warum sind Aktien so beliebt?

Das liegt daran, dass die Renditeentwicklungen in der Vergangenheit tendenziell vielversprechend waren, woraus sich schließen lässt, dass dies auch für gegenwärtige und künftige Entwicklungen der Fall sein wird. Betrachtet man etwa die Entwicklung des DAX über zwei Jahrzehnte (Zeitraum

1987 bis 2007), haben Anleger bei einer langfristigen Anlage von 1.000 EUR im Jahr 2007 3.670 EUR erhalten. Dieselbe Anlage auf einem Tagesgeldkonto für denselben Zeitraum hätte nur einen durchschnittlichen Zinssatz von 2,5 Prozent gebracht und damit einen Betrag von nur 1.600 EUR im Jahr 2007. Interessant sind aber nicht nur die langfristigen Anlagehorizonte, sondern auch die kurzfristigen, sofern man weniger auf Sicherheit und mehr auf die Spekulation schneller, hoher Gewinne aus ist.

Warum ist das so?

Um das zu beantworten, ist es wichtig, zu verstehen, was Aktien sind.

- Aktien repräsentieren Eigentumsanteile an einem Unternehmen.

Bei diesem Unternehmen handelt es sich um eine Aktiengesellschaft. Über Aktien bringt das Unternehmen bzw. dessen Inhaber Geld in das Unternehmen ein. Der Erlös aus dem Verkauf der Aktien fließt vollumfänglich in das Unternehmen. Mit diesem Erlös deckt das Unternehmen seinen Kapitalbedarf, ohne einen Kredit aufnehmen zu müssen. Alle Aktien zusammen bilden somit das Grundkapital des Unternehmens.

- Inhaber der Aktien sind die Aktionäre.

- Diese haben Anspruch auf eine Gewinnbeteiligung am Unternehmen, die Dividende.

Die Höhe dieser Dividende ist von der Ertragslage des Unternehmens abhängig. Wie, wann und in welcher Höhe die Dividende ausbezahlt wird, wird von den Leitungsorganen des Unternehmens bestimmt. Zu diesen zählen (1) der Vorstand, der die Geschäfte leitet, (2) der Aufsichtsrat, der die Geschäftstätigkeit des Unternehmens überwacht und den Vorstand benennt, und (3) die Hauptversammlung, die sich aus allen Aktionären zusammensetzt.

Aktien können auf unterschiedliche Art und Weise ausgestaltet sein. Es handelt sich in jedem Fall um Eigenkapitalinstrumente, die sich jedoch nach folgenden Merkmalen unterscheiden können:

- nach Rechten und Pflichten eines Aktionärs
- nach dem Umfang der Rechte
- nach der Übertragbarkeit
- nach der Zerlegung des Grundkapitals

Wer in Aktien investieren möchte, sollte sich mit allen Aktienarten vertraut machen, um abwägen zu können, welche Vor- und Nachteile mit den verschiedenen Aktien verbunden sind.

Unterscheidung nach den Rechten und Pflichten eines Aktionärs

Jeder Aktionär ist Miteigentümer des Unternehmens. Er verfügt daher über Verwaltungs- und Vermögensrechte. Wer Inhaber einer Stammaktie ist, hat das Recht, an der Hauptversammlung teilzunehmen. Diese findet in der Regel einmal jährlich statt. Außerdem hat grundsätzlich jeder Aktionär ein Recht auf Informationen über den rechtlichen und geschäftlichen Bereich eines Unternehmens.

Jede Aktie beinhaltet außerdem ein Stimmrecht. Aktionäre können dieses Stimmrecht entweder selber wahrnehmen oder an einen Dritten (etwa eine depotführende Bank) übertragen. Mit diesem Stimmrecht können Aktionäre an den Entscheidungen der Hauptversammlung teilhaben und so den Kurs eines Unternehmens mitbestimmen.

Aktien verleihen zudem Vermögensrechte in Form des Rechts auf eine anteilige Dividende. Die Dividende ist ein Gewinnanteil und ist daher vom Bilanzgewinn des Geschäftsjahres abhängig. Jeder Aktionär hat Anspruch auf diese Gewinnbeteiligung. Die Höhe wird in der Hauptversammlung festgelegt.

Aktionäre verfügen des Weiteren über ein Bezugsrecht, für den Fall, dass es zu einer Kapitalerhöhung kommt und das Unternehmen weitere Aktien ausschüttet. Bei der Ausgabe neuer Aktien (auch „junge Aktien“ genannt) kommt es oft dazu, dass sich ein neuer Aktienkurs ergibt. Die Inhaber alter Aktien müssen daher oft einen Kursverlust hinnehmen. Durch das Bezugsrecht wird dieser Verlust aber kompensiert.

Im Falle eines Konkurses haben Aktionäre zuletzt noch das Recht auf den Liquidationserlös. Allerdings werden Aktionäre hinter andere Gläubiger gereiht, da zuerst die Fremdkapitalgeber ausbezahlt werden müssen.

Unterscheidung nach dem Umfang der Rechte

Zwar bestehen für Aktionäre dieselben Grundrechte, doch im Detail unterscheiden sich Aktien voneinander. Ein wesentlicher Unterschied besteht in der Gewährung unterschiedlicher Rechte. Hier wird zwischen Stamm- und Vorzugsaktien unterschieden. Stammaktien sind die Grundform der Aktien. Sie sind die am häufigsten gehandelte Aktienform in Deutschland. Hier verfügt der Aktionär über die üblichen gesetzlichen Rechte und Pflichten.

Es gibt aber auch Vorzugsaktien, die mit mehr Rechten und Pflichten verbunden sind, als Stammaktien. Diese Rechte beziehen sich auf die Dividende, das Bezugsrecht und den Liquiditätserlös. Allerdings ist es in Deutschland üblich, dass Vorzugsaktien mit dem Verlust des Stimmrechts einhergehen. Dieser Nachteil wird durch die zuvor genannten Vorteile bzw. Vorzüge ausgeglichen. Meist ist die Dividende bei

Vorzugsaktien höher als bei Stammaktien. Diese Aktie eignet sich für Anleger, die von ihrem Stimmrecht auf der Hauptversammlung ohnedies keinen Gebrauch machen möchten. Dies ist vor allem bei Kleinaktionären der Fall, da ihre Anteile so gering sind, dass damit kein größerer Einfluss in der Hauptversammlung bzw. auf den Unternehmenskurs möglich ist. In diesem Fall ist es also durchaus sinnvoll, auf das Stimmrecht zu verzichten und stattdessen eine höhere Dividende zu erhalten.

Unterscheidung nach der Übertragbarkeit

Im Hinblick auf die Übertragbarkeit werden Inhaber- und Namensaktien unterschieden. Inhaberaktien werden auf keinen bestimmten Namen ausgestellt. Sie lauten auf den jeweiligen Inhaber und können ohne formelle Anträge übertragen werden. In Deutschland sind Inhaberaktien der Regelfall.

Namensaktien werden hingegen auf den Namen einer natürlichen oder juristischen Person ausgestellt. Der Aktionär gibt hierfür Name, Geburtsdatum, Adresse und Stückzahl der von ihm gehaltenen Aktien an. Die Daten werden in das Aktienregister des Unternehmens eingetragen. Der Vorteil hierbei ist die verbessere Informationspolitik, da Unternehmen mit den Aktionären in Kontakt treten können.

Unterscheidung nach der Zerlegung des Grundkapitals

Im Hinblick auf die Zerlegung des Grundkapitals unterscheidet man zwischen

- Nennwertaktien
- Stückaktien
- Quotenaktien

Nennwertaktien lauten auf einen festen Nennwert, allerdings müssen nicht alle Nennbeträge denselben Betrag aufweisen. Aktien können also zu unterschiedlichen Nennbeträgen emittiert werden.

Stückaktien haben hingegen keinen Nennwert. Sie werden zu gleichen Teilen ausgegeben und ergeben sohin die gleichen Anteile am Grundkapital des Unternehmens.

Quotenaktien lauten auf eine Quote am Grundkapital des Unternehmens. Diese Aktien sind in Deutschland verboten, stellen in den USA und Kanada allerdings eine gebräuchliche Form der Aktienanlage dar.

Wie funktionieren Aktien?

Aktien großer Unternehmen werden auf organisierten Aktienmärkte, den Börsen, gehandelt. Auf den Börsen treffen Anbieter und Inhaber der Aktien aufeinander. In Deutschland besteht bereits seit dem Jahr 1896 eine gesetzliche Grundlage für den Börsenhandel (Börsengesetz 1896). Das Gesetz reguliert den Aufbau einer Börse, den Ablauf des Börsengeschäfts und die Börsenaufsicht. Die wichtigste Börse in Deutschland ist die Frankfurter Börse. An der Börse dürfen nur registrierte Börsenmitglieder Geschäfte abschließen, etwa Banken oder Wertpapierhändler.

Nicht alle deutschen Aktiengesellschaften sind an der Börse, da viele den Gang vermeiden, weil er mit einem erheblichen zeitlichen Aufwand verbunden ist und viele formale Anforderungen zu erfüllen sind.

Entschließt sich ein Unternehmen doch dazu, an die Börse zu gehen, sind hier insbesondere der Ausgabekurs der Aktien und das Verfahren zur Aktienzuteilung am Markt von Interesse. Der Ausgabekurs einer Aktie ist der Preis des neuen Papiers beim Börsengang. Dieser wird mit Hilfe bestimmter Verfahren festgelegt:

- Beim Festpreisverfahren einigt sich der Vorstand des Unternehmens gemeinsam mit den betreuenden Banken vor dem Gang an die Börse auf den Ausgabepreis. Dieser wird bei der Veröffentlichung des Verkaufsangebotes bekannt gegeben. Dieses Verfahren spielt heute eine nur noch untergeordnete Rolle.
- Beim Bookbuilding-Verfahren werden die Preisvorstellungen der Anleger berücksichtigt. Es handelt sich dabei um das in Deutschland am häufigsten

angewendete Verfahren. Neue Papiere werden nicht zu einem festen Preis ausgegeben, sondern mit einer festen Preisspanne. Innerhalb dieser Spanne können Anleger ihre Gebote abgeben. Der Preis wird aufgrund der vorliegenden Gebotslage bestimmt.

- Zuletzt gibt es noch die Auktion, die das häufigste Verfahren in den USA abbildet. Hierbei reichen Anleger ihre Gebote ein, ohne sich an einer festen Preisspanne orientieren zu müssen. Nach dem Ende der Zeichnungsfrist werden die Gebote vom höchsten zum niedrigsten sortiert, bis die vorhandenen Aktien verteilt sind. Der endgültige Ausgabekurs wird beim niedrigsten noch zu bedienenden Kaufgebot festgelegt.

Wie viel Risiko steckt in der Aktienanlage?

Die grundlegende Frage, die im Zusammenhang mit Aktien gestellt wird, ist: Sind Aktienkurse vorhersagbar? Falls ja, wie? Dies ist in erster Linie eine Frage der

Aktienbewertung

Aktien sind Finanzanlagen und besitzen demnach einen Wert. Die erfolgreiche Investition in solche Anlagen hängt von der Möglichkeit ab, diesen Wert zu bestimmen. Der Schwierigkeitsgrad der Bewertung und die für eine solche Bewertung erforderlichen Informationen sind von Finanzanlage zu Finanzanlage verschieden. Für die

Aktienbewertung sind andere Bewertungsmodelle und Daten notwendig als etwa für Anleihen oder Immobilien.

Für alle Anlagen gilt der Grundsatz, dass man für sie nicht mehr als deren Wert bezahlen sollte. Während für Anlageobjekte wie beispielsweise Kunstgegenstände Faktoren wie Ästhetik eine Rolle spielen, werden Aktien für ihre künftig erwarteten Cashflows gekauft. Die Bewertung basiert in diesem Zusammenhang auf der Verteilung der vom Unternehmen generierten Werte an die Investoren und vom unternehmerischen Erfolg.

Welche Bewertung für Aktien herangezogen wird, hängt vom Anwendungsbereich ab. Es kommt sohin darauf an, ob die Bewertung für private Anleger (Portfoliomanagement, Finanzanalyse) oder für Unternehmen ist (Corporate Finance, Akquisitionen, Fusionen).

Beim Portfoliomanagement für private Anleger hängt die Bewertung von der Ausgestaltung der Anlagestrategie ab.

Welche Strategien gibt es bei der Aktienanlage?

Grundsätzlich lassen sich passive und aktive Anlagestrategien unterscheiden. Bei einer passiven Strategie wird eine Kaufen-und-Halten-Strategie verfolgt, es ist auch möglich, einen Marktindex abzubilden. Dieser Strategie liegt die Annahme zugrunde, dass die Kapitalmärkte effizient agieren und keine Fehlbewertungen vorliegen.

Das Gegenteil hierzu ist die aktive Anlagestrategie. Diese geht davon aus, dass Kapitalmärkte nicht effizient agieren und demnach nicht alle relevanten Informationen für alle Akteure verfügbar sind.

Je nachdem, welche Anlagestrategie verfolgt wird, können unterschiedliche Analyseverfahren angewendet werden:

- Bei der Fundamentalanalyse werden Bewertungsmodelle eingesetzt, um Anlagen zu finden, die fehlbewertet wurden.
- Bei der technischen Analyse werden nur vereinzelt Bewertungsmodelle verwendet, etwa um konkrete Aktienpreise zu analysieren.
- Auch Markterwartungen sind ein mögliches Analyseverfahren. Markterwartungen können Aufschluss über Fundamentaldaten wie die künftige Profitabilität oder das Unternehmenswachstum geben.

Basis von Analysen sind Charts. Charts sind die graphische Darstellung des Kursverlaufs von Aktien. Hierfür werden die Kurse zu bestimmten Zeitpunkten über eine bestimmte zeitliche Periode in einem Diagramm abgetragen. Es gibt zwei Formen von Charts: Liniencharts und Candlestickcharts. Liniencharts sind die häufigste Form. In Liniencharts werden die Kursdaten durch Linien miteinander verbunden. Sie enthalten weniger Informationen als Candlestickcharts. Diese enthalten Rechtecke, deren Enden die Eröffnungs- und Schlusskurse wiedergeben. Liegt der Eröffnungskurs über dem Schlusskurs, ist das Rechteck farbig, liegt er darunter, bleibt das Rechteck weiß. Die Höchst- und Tiefstkurse sind an den Endpunkten der Linien ober und unter den Rechtecken ablesbar.

Der Kurs einer Aktie wird, wie vorab dargelegt, durch Angebot und Nachfrage am Markt bestimmt. Ergänzend sind Aktienindexes wichtig für die Aktienanalyse. Der Aktienindizes gibt an, wie sich der Wert einer Aktiengruppe im Vergleich zu einem früheren Zeitpunkt verändert hat. Aktienindizes werden auf zwei verschiedene Arten berechnet:

- In Kursindizes fließen nur reine Kursveränderungen der Aktien ein. Ein bekannter Kursindex ist der Dow Jones.
- In Performanceindizes fließen neben Kursänderungen auch Dividendenzahlungen ein. Der Hintergrund ist, dass Dividenden von den Aktionären sofort wieder in Unternehmensanteile angelegt werden, sodass der Kauf von Aktienanteilen möglich ist. Ein Beispiel für diese Art der Berechnung ist der DAX.

Der DAX ist der bekannteste Index am deutschen Aktienmarkt. Er wurde Ende 1987 eingeführt und umfasst die 30 Aktienwerte mit dem größten Börsenumsatz. Der

Anfangsstand lag bei 1000 Punkten. Die Zusammensetzung des Index verändert sich im zeitlichen Verlauf. Einmal jährlich kommt es zur Überprüfung des Index, gegebenenfalls werden Aktien ausgetauscht.

Für die Analyse von Aktienentwicklungen sind jedoch nicht ausschließlich die Kurse ausschlaggebend. Auch die Renditen sind geeignet. Sie ermöglichen es, Aussagen über die Ertragskraft einer Aktie zu machen. Außerdem ist es möglich, die Erträge verschiedener Aktien miteinander zu vergleichen. Aus diesem Grund ist die Rendite noch wichtiger als der Kurs und die bedeutendste Kenngröße auf dem Aktienmarkt. Renditen beziehen sich auf einen konkreten Zeitraum, etwa Tage, Wochen, Monate oder Jahre.

Weitere wichtige Aktienanalyseinstrumente sind die Drift und die Volatilität einer Aktie. Durch sie ist es möglich, statistische Aussagen über Aktienkurse zu treffen. Die Drift gibt die durchschnittliche Kursänderung pro Zeitraum an und stellt den Trend für die Entwicklung des Kurses dar. Die Volatilität ist ein Streuungsmaß. Es gibt die durchschnittlichen Abweichungen einzelner Kursänderungen vom Mittelwert der Kursänderung an. Je größer die Volatilität ist, desto eher schlägt der Kurs nach oben oder nach unten aus. Hier steigt die Chance auf Gewinne, aber auch das Risiko von Kursverlusten. Die Volatilität stellt also ein Chancen- oder Risikomaß dar.

Die genannten Größen hängen immer vom zugrunde gelegten Zeitraum ab. In diesem Zusammenhang können statistische Untersuchungen von Aktienrenditen Aufschluss über das Verhalten einzelner Aktien geben.

Bewertungsverfahren

Aktienkurse werden von vielen verschiedenen Faktoren bestimmt. Diese lassen sich in vier Kategorien unterteilen:

- Makroökonomische Faktoren (Zinsen oder Währungen)
- Mikroökonomische Faktoren (Kennzahlen)
- Psychologische Faktoren (Liquidität, Stimmungsindikatoren)
- Sonderfaktoren (Fusionen, Akquisitionen)

Um den Wert von Aktien bestimmen zu können, werden in erster Linie Kennzahlen herangezogen. Diese lassen sich den mikroökonomischen Faktoren zuordnen. Welche der vielen Faktoren die besten oder verlässlichsten sind, um Aktienkurse zu bewerten, lässt sich nicht sagen. Hierfür gibt es kein Patentrezept, es macht jedoch Sinn, die Hintergründe der wichtigsten Faktoren zu verstehen.

Makroökonomische Kursfaktoren spielen eine wichtige Rolle, weil sie Aussagen über das Volksvermögen treffen. Hier ist das Motto „Stimmt die Konjunktur, stimmt die Börse" richtig, denn nur wer Vermögen hat, kann auch anlegen. Hier gilt es zu beachten, dass Zinsen die Aktienkurse negativ beeinflussen. Der Grund hierfür ist, dass Aktien als

Anlageobjekt in Konkurrenz zu Anleihen stehen. Steigen Zinsen, werden Anleihen attraktiver und Aktien weniger attraktiv.

Mikroökonomische Kennzahlen entstammen den Jahresabschlüssen der Unternehmen, konkret der Gewinn- und Verlustrechnung. Kennzahlen sind die am meisten genutzte Methode, um Aktien zu bewerten, vor allem wird angenommen, dass sie die besten Erklärungserfolge bei Einzelaktien erzielen. Kennzahlen zählen zu den harten Fakten der Aktienbewertung, sie geben jedoch keine Kurserfolgsgarantie und dienen daher, wie alle übrigen Faktoren, nur als Orientierungsgrößen.

Nicht unterschätzt werden sollten psychologische Kursfaktoren. Sie können gute Prognoseergebnisse in stark schwankenden Märken liefern. Psychologische Faktoren finden in der Praxis immer mehr Beachtung und werden auch in der Forschung unter dem Begriff Behavioral Finance immer stärker untersucht. Grundlage der Faktoren ist die Annahme, dass extreme Kursschwankungen durch das irrationale Verhalten von Anlegern verursacht werden. Börsenpsychologische Faktoren sind menschliche Emotionen wie Panik, Gier, Angst, Skepsis, die zu irrationalen Entscheidungen führen.

Zuletzt entscheiden auch Sonderfaktoren über Aktienkurse. Sonderfaktoren werden in erster Linie bei Einzelunternehmen vermutet. Veränderungen, die auf Makroebene stattfinden, etwa Steuergesetzgebung, haben auch auf die Unternehmen und den Unternehmenserfolg Auswirkungen. Hinzu kommen weitere mögliche unternehmensbezogene Veränderungen, wie Firmenübernahmen, Gerüchte, Fusionen, Kapitalerhöhungen, Änderungen in der Führungsebene oder Skandale.

Bewertungskennzahlen

Weder makroökonomische, noch psychologische oder Sonderfaktoren sind vorhersehbar oder konkret bestimmbar. Dies ist einer der Hauptgründe, wieso die Aktienbewertung in erster Linie auf Basis der (mikroökonomischen) Kennzahlen erfolgt. Es gibt zahlreiche Kennzahlen und Kennzahlen-Kombinationen, die in der Fachliteratur als ideal beworben werden. Tatsächlich reicht es, die wichtigsten Kennzahlen zu kennen, um eine fundierte Bewertung eines Aktienwertes vornehmen zu können.

Die Bewertung gibt in diesem Zusammenhang Antwort auf die Frage der Kaufattraktivität einer Aktie. Diese kann sich an verschiedenen Faktoren orientieren, es kommt auf die Wünsche und Anlageziele des jeweiligen Anlegers an. Wichtige Faktoren sind die Ertragsstärke, die Substanzstärke

(Reserven), die Ausschüttungspolitik des Unternehmens und die Sicherheit.

Die wichtigsten Kennzahlen sind jene, die sich aus der Bilanz und/oder der Gewinn- und Verlustrechnung ableiten lassen und die Aussagen über die Kapitalausstattung des Unternehmens liefern können. Dazu zählen in erster Linie

- Eigenkapitalquote: Verhältnis zwischen Eigenkapital und Gesamtkapitel (= Bilanzsumme); Aussage: Auskunft über die Kapitalstruktur eines Unternehmens
- Eigenkapitalrendite: Verhältnis zwischen Gewinn und Eigenkapital; Aussage: Gibt an, wie viel Prozent des Gewinns auf das eingesetzte Eigenkapital entfällt
- Kostenquote: Verhältnis der Betriebskosten zu den Beitragseinnahmen in Prozent; Aussage: Effizienz eines Unternehmens, je geringer, desto effizienter

Das sind jedoch nicht alle Kennzahlen, die wichtig sind. Tatsächlich gilt, dass die Bewertung einer Aktie umso fundierter ausfällt, je mehr Kennzahlen dazu bekannt sind. Es gibt international etwa 20 bis 25 Kennzahlen zur Aktienbewertung, die konstant gleich bleiben und daher gemeinhin als wichtig angesehen werden. Die Popularität dieser Kennzahlen konnte in verschiedenen Fachmedien und Statistiken nachgewiesen werden. Unter den Top 10 der bedeutendsten Kennzahlen finden sich demnach:

- Kurs-Gewinn-Verhältnis: Verhältnis zwischen Börsenkurs einer Aktie und dem ökonomischen Gewinn eines Unternehmens pro Aktie.
- EBITDA: Die „earnings before interest, tax, depreciation, and amortization“ (Akronym: EBITDA) stellt das Ergebnis der reinen Firmenaktivitäten dar
- EVA: Der Economic Value Added, kurz EVA, dient dazu, die Vorteilhaftigkeit einer Investition zu bewerten, indem er die Kapitalerlöse abzüglich der Kapitalkosten darstellt
- DCF: Der Discounted Cash-Flow, kurz DCF, beschreibt ein investitionstheoretisches Verfahren zur Wertermittlung und stellt daher den Verkehrswert einer Investition dar
- Preis-Buchwert: Um den Buchwert vergleichbar und bewertbar zu machen, muss der Buchwert pro Aktie mit dem aktuellen Marktpreis der jeweiligen Aktie verknüpft werden
- Free Cashflow: Der Free Cashflow beschreibt die liquiden Mittel, die einem Unternehmen zur Verfügung stehen und die beispielsweise für Dividenden verwendet werden können
- KCV: Das Kurs-Cashflow-Verhältnis, kurz KCV, stellt das Verhältnis von Aktienkurz zum Cashflow je Aktie dar

Neben diesen Kurzbeschreibungen macht es für einige wichtige Kennzahlen Sinn, sich eingehender damit zu beschäftigen. Je mehr Hintergründe zu diesen Kennzahlen bekannt sind, desto einfacher ist es, sie für die konkrete Aktienbewertung heranzuziehen:

- Kurs-Gewinn-Verhältnis: Die Aktie eines Unternehmens wird umso attraktiver bewertet, je mehr das Unternehmen pro Aktie verdient. Der Gewinn muss jedoch stets in Beziehung zu den Preisen (Kursen) gesetzt werden. Je niedriger das Kurs-Gewinn-Verhältnis ist, desto billiger ist eine Aktie. Der Richtwert liegt bei 10. Eine Aktie mit einem Wert von 10 ist günstiger bewertet als eine Aktie mit einem Wert von 15. Je günstiger eine Aktie ist, desto eher sollte sie gekauft werden. Allerdings sollten Einzelaktien nie isoliert betrachtet und bewertet werden, denn Aktien werden an einem Markt gehandelt, an dem sachliche und zeitliche Vergleiche angestellt werden müssen. Um beantworten zu können, ob eine Aktie also teuer oder billig ist, muss ein Gruppenvergleich mit anderen Aktien angestellt werden. Wie eine „Gruppe" von Aktien zusammengestellt werden kann, die sinnvoll ist, zählt allerdings zu den ungeklärten Fragen der Aktienbewertung. Grundsätzlich gilt, dass die Gruppe aus Werten bestehen soll, deren Börsenkurse stark miteinander korrelieren. Sinnvoll ist außerdem ein Vergleich zwischen dem aktuellen, dem historischen und dem künftigen Kurs-Gewinn-Verhältnis. Die Kennzahl ist vorteilhaft, weil sie einfach berechenbar ist, leicht erklärbar, und international verbreitet.

- Kurs-Cashflow-Verhältnis: Der Cashflow beschreibt die Zahlungsfähigkeit eines Unternehmens. Sowohl der Gewinn als auch der Cashflow dienen der „Objektivierung“ der erwirtschafteten Unternehmensergebnisse. Der Cashflow ist aussagekräftiger als der Bilanzgewinn, denn da der Cashflow als Zahlungsüberschuss im laufenden Geschäft nicht benötigt wird, dient er als langfristige Finanzierungsquelle für Investitionen. Der Cashflow informiert über Zahlungsströme, die in keiner anderen unternehmerischen Berichterstattung ersichtlich sind. Er ist außerdem ein wichtiger Frühindikator, wenn es um die Gefahrensignale in Unternehmen geht. Ein hoher Cashflow dient zudem als Hinweis auf mögliche stille Reserven eines Unternehmens.
- Kurs-Buchwert-Verhältnis: Einfach definiert ist der Buchwert eines Unternehmens dessen Eigenkapital. Er kann daher als einfachste Formel für die Unternehmensbewertung herangezogen werden. Zieht man von den Vermögenswerten bzw. der Aktiva eines

Unternehmens die Schulden bzw. Passiva ab, bleibt als Differenz das Eigenkapital übrig. Wird das Eigenkapital durch die Aktienstückzahl dividiert, steht als Ergebnis der Buchwert je Aktie. Dieser gibt Aufschluss darüber, wie viel eine Aktie mindestens wert ist bzw. sein sollte. Der Buchwert je Aktie entspricht daher dem Unternehmenswert je Aktie. Als Faustregel für die Interpretation dieser Kennzahl gilt: Je niedriger, umso sicherer ist das Geschäftsgebaren eines Unternehmens und der Kurs seiner Aktien. Sicherheit „kostet“ aber stets auch Rendite.

Aktienbewertungsmodelle

Die einzelnen Kennzahlen bilden nur die Grundlage der Aktienbewertung. Sie fügen sich zu so genannten Aktienbewertungsmodellen zusammen. Aktien lassen sich demnach mit folgenden Modellen bewerten:

- Cashflow-Modelle
- Wertschöpfungsmodelle
- Multiplikatoren
- Optionspreistheorie

Außerdem können die Bewertungsmodelle in absolute und relative Modelle unterteilt werden. Absolute Modelle arbeiten mit erwarteten Cashflows, Übergewinnen und mit dem Ansatz der Optionspreistheorie. Relative Modelle bestehen hingegen aus Multiplikatoren wie Kurs-Gewinn-Verhältnis oder EBITDA. Dabei werden Multiplikatoren innerhalb einer Vergleichsgruppe miteinander verglichen. Es wird so untersucht, ob eine Aktie relativ zu den Vergleichsunternehmen richtig bewertet ist.

Bei den Cashflow-Modellen stehen Cashflows des Unternehmens im Vordergrund. Der Aktienwert ergibt sich hier aus dem Barwert der künftigen Geldflüsse. Dabei werden die erwarteten Cashflows auf zwei Zeitperioden verteilt. Die erste Periode umfasst drei bis zehn Jahre und umfasst hier für jedes Jahr die geschätzten Cashflows. Die zweite Periode fasst alle prognostizierten Geldflüsse nach der ersten Zeitperiode in einem Endwert zusammen.

Während die Cashflow-Modelle im Wesentlichen die Wertverteilung betrachten, fokussieren sich Wertschöpfungsmodelle auf die Wertgenerierung. Sie gehen davon aus, dass Unternehmen einen Mehrgewinn erwirtschaften, wenn die Rentabilität über den Kapitalkosten liegt und daher das Unternehmensergebnis nach Kapitalkosten positiv ist. Die ausbezahlten Dividenden müssen der Wertschöpfung entsprechen, da nicht mehr Geld verteilt werden kann, als von den Kapitalgebern einbezahlt und vom Unternehmen erwirtschaftet wurde. Aus diesem Grund ist es möglich, mit dem Eigenkapitalwert den erwarteten Mehrgewinn zu messen. In diesen Modellen setzt sich der

Aktienwert aus dem Buchwert der Aktie und dem Barwert aller in Zukunft anfallenden Residualgewinne zusammen.

Weitere Modelle sind die Multiplikatoren. Sie stellen relative Bewertungsmodelle dar, die den Wert einer Anlage oder Aktie relativ zum Wert anderer bestimmen. Der Grundgedanke ist, dass vergleichbare Vermögenswerte zu ähnlichen Preisen verkauft werden können. Multiplikatoren helfen daher, zu beurteilen, ob die Aktie richtig bewertet wurde. Um die Vergleichbarkeit zu erleichtern, kann ein Benchmark-Multiplikator festgelegt werden, der dem Multiplikator der zu bewertenden Aktie gegenübergestellt wird. Dieser lässt sich mit Hilfe von fundamentalen Faktoren des Unternehmens ermitteln. Zu diesen zählen Wachstum, Risiko oder Cashflow-Muster der Unternehmen. Es ist oftmals schwierig, Unternehmen mit gleichen fundamentalen Faktoren auf dem Markt zu finden, daher werden vereinfacht gerne Vergleichsunternehmen aus derselben Branche verwendet. Wurden ausreichend Vergleichsunternehmen gefunden, werden zusätzliche Vergleichswerte wie Unternehmensgröße oder Umsetz eingesetzt.

Zuletzt lässt sich der Aktienwert auch mithilfe der Optionspreistheorie festlegen. Hier besteht der Unternehmenswert aus dem Barwert der erwarteten frei verfügbaren Cashflows und dem Gesamtwert aller Realoptionen. Dieser lässt sich mit Optionspreismodellen bestimmen. Zu diesen zählen etwa das Black/Scholes-Modell oder das Binomialmodell. Reale Optionen sind Entscheidungsspielräume bei Investitionsprojekten. Innerhalb eines Entscheidungsspielraums gibt es eine gewisse Flexibilität, etwa die Entscheidung, erfolgreiche Projekte zu erweitern. Solche Modelle müssen häufig bei Technologieunternehmen eingesetzt werden, da deren Aktienwert sich ohne die Einbeziehung von Realoptionen nicht ausreichend erklären lässt.

Cashflow-Modelle

Ein bewährtes Cashflow-Modell ist das Free-Cashflow-to-Equity-Modell. Die Definition findet sich in der nachfolgenden Tabelle.

	Free-Cashflow-to-Equity
=	Ergebnis nach Steuern
+	Nicht zahlungswirksamer Aufwand
-	Nicht zahlungswirksamer Ertrag
-	Investitionen ins Anlagevermögen
+	Nettozunahme des zinstragenden Fremdkapitals

Die entsprechenden Werte ergeben sich aus der Unternehmensbilanz und aus der Gewinn- und Verlustrechnung.

In diesem Cashflow-Modell werden die potentiell ausschüttbaren Geldmittel an die Eigenkapitalgeber dargestellt. Dabei können alle potentiellen Geldmittel für die Aktienbewertung berücksichtigt werden. Das Modell sollte vor allem in folgenden Fällen eingesetzt werden:

- Das Unternehmen schüttet keine Dividenden aus
- Die Dividenden weichen von den frei verfügbaren Cashflows ab
- Es besteht ein Zusammenhang zwischen der Profitabilität des Unternehmens und den frei verfügbaren Cashflows
- Die Aktienbewertung erfolgt aus der Perspektive einer Mehrheitsbeteiligung

Wertschöpfungsmodelle

Zu den Wertschöpfungsmodellen zählen die Residualgewinnmodelle und das Economic-Value-Added-Modell.

Die nachfolgende Tabelle stellt die Berechnung beider Modelle dar.

	Residualgewinn
=	Nachsteuerergebnis der Gewinn- und Verlustrechnung
-	Eigenkapitalkosten
	(Der Residualgewinn ist positiv, wenn die Eigenkapitalrendite über der erwarteten Rendite liegt.)
	Economic Value Added
=	Betriebsergebnis nach Steuern der ersten Periode
-	Investiertes Betriebskapital zu Beginn der Periode
*	Gewichteter durchschnittlicher Kapitalkostensatz

Beide Modelle beziehen sich auf die Generierung von Vermögenswerten. Im Zentrum der Aktienbewertung steht hier die Wertschöpfung des Unternehmens und nicht die künftige Geldauszahlung.

Der Vorteil des Residualgewinnmodells ist, dass das Modell auf jederzeit verfügbaren Rechnungslegungsdaten liegt. Es sollte eingesetzt werden, wenn das Unternehmen keine Dividenden ausschüttet oder die frei verfügbaren Cashflows negativ sind. Allerdings gilt hier zu beachten, dass die Rechnungslegungsdaten vom Management eines Unternehmens beeinflusst werden können.

Hingegen stellt der Economic Value Added den vom Unternehmen geschaffenen Mehrwert in einer bestimmten Periode dar. Hier werden die Rechnungslegungsdaten anhand von operativen, finanziellen, steuerlichen und wertsteigenden bewertungsrelevanten Größen transformiert.

Multiplikatoren

Bei der Berechnung einfacher Multiplikatoren wird der Aktienkurs bestimmten Unternehmensgrößen gegenübergestellt. Der Aktienpreis ergibt sich aus dem Wert des Eigenkapitals eines Unternehmens dividiert durch die Anzahl ausstehender Aktien.

Zu nennen sind folgende mögliche Preismultiplikatoren:

- Kurs-Gewinn-Verhältnis
- Kurs-Buchwert-Verhältnis
- Kurs-Umsatz-Verhältnis
- Kurs-Cashflow-Verhältnis
- Kurs-Dividenden-Verhältnis

Es werden sohin eigenkapitalbezogene Größen herangezogen. Mithilfe dieser Multiplikatoren kann bestimmt werden, ob die Aktie richtig bewertet ist.

Realoptionen

Realoptionen sind Entscheidungsspielräume bei Investitionsprojekten. Investitionen bedeuten stets Unsicherheit. Eine Situation, bei der Unsicherheit besteht, bedeutet nicht, dass eine reale Option vorliegt. Wichtig ist der Spielraum, zwischen mehreren Möglichkeiten entscheiden zu können. Die dabei getroffene Entscheidung hat Einfluss auf den Projektwert. Es gibt verschiedene Entscheidungsoptionen:

- Erweiterung oder Wachstum
- Aufschub
- Abbruch
- Verkleinerung
- Wechsel

Diese Kategorisierung erlaubt es, die Bewertung der realen Option zu vereinfachen. Die reale Option kann bewertet werden, um einen Vergleich zu anderen Bewertungsverfahren herstellen zu können.

Innerer Wert und Fair Value

Im Zusammenhang mit der Aktienbewertung muss zusätzlich zwischen zwei Definitionen von Wert unterschieden werden:

- Innerer Wert
- Fair Value (beizulegender Zeitwert)

Der innere Wert einer Aktie lässt sich mit geschätzten Parametern mit einem Bewertungsmodell bestimmen. Dies setzt ein umfassendes Wissen über die verschiedenen Charakteristika der Aktie voraus. Wird der so berechnete innere Wert mit dem Marktpreis einer Aktie verglichen, kann beurteilt werden, ob eine Fehlbewertung besteht. Liegt der innere Wert über dem Marktpreis, ist die Aktie unterbewertet, liegt er unter dem Marktpreis, ist sie überbewertet. Stimmen die beiden Werte überein, ist die Aktie richtig bewertet. Diese Bewertungsmethode ist vor allem bei einer aktiven Anlagestrategie wichtig. Bei dieser werden unterbewertete Anlagen gekauft und überbewertete Anlagen verkauft. Die Zielsetzung besteht darin, eine überdurchschnittliche Rendite durch die erwartete Preiskorrektur zu erzielen. Der Erfolg dieser Strategie hängt davon ab, wie gut die zugrundegelegten Parameter geschätzt werden (können). Eine überdurchschnittliche Rendite ist außerdem immer nur dann möglich, wenn sich innerhalb der Anlageperiode der Marktwert dem inneren Wert angleicht.

Liegt ein informationseffizienter Markt vor, entsprechen sich Marktwert und innerer Wert einer Anlage. Auf einem informationseffizienten Markt sind alle relevanten Informationen verfügbar und können als Richtgröße für den inneren Wert herangezogen werden. Allerdings können auf informationseffizienten Märkten wiederum keine überdurchschnittlichen Renditen erzielt werden. In einem solchen Markt sind daher passive Anlagestrategien vorteilhaft. Bei einer passiven Anlagestrategie wird ein Aktienindex abgebildet.

Findet bei einer Aktie ein Besitzerwechsel statt, kommt der beizulegende Zeitwert zum Einsatz. Dieser entspricht jenem

Preis, den ein kaufwilliger, sachverständiger, unabhängiger Käufer ohne Zwang zu zahlen bereit ist. Zum selben Preis ist ein verkaufswilliger, sachverständiger, unabhängiger Verkäufer bereit, die Aktie ohne Zwang zu verkaufen.

Bewertungsprozess

Nachdem nun alle Grundlagen der Aktienbewertung beschrieben wurden, müssen diese zu einem praktikablen Bewertungsprozess zusammengefügt werden. Ein solcher Prozess besteht aus fünf Schritten, die in der nachfolgenden Tabelle dargestellt werden.

1.	Verständnis des Unternehmensgesc häfts	Für die Aktienbewertung ist es wichtig, die betriebliche Tätigkeit der Unternehmen zu verstehen. Hierfür ist eine Unternehmensanalyse durchzuführen. Eine solche Analyse kann mit Hilfe von Geschäftsberichten erstellt werden. Auch Informationen auf der Unternehmenswebsite oder in Medien sind wichtig.
2.	Prognose des Unternehmenserfol gs	Methoden wie eine Pro-Forma-Bilanz oder eine Pro-Forma-Gewinn- und Verlustrechnung dienen dazu, Umsatz, Nachsteuerergebnis, Dividende, Cashflow zu schätzen.
3.	Auswahl des Bewertungsmodells	Die Festlegung des Bewertungsmodells hängt von den Eigenschaften des Unternehmens ab.

4.	Umrechnung geschätzter Aktienparameter in einen Aktienwert	Die Bewertungsparameter des Bewertungsmodells sind keine exakten Größen. Ihre Schätzung unterliegt immer einem Ermessensspielraum.
5.	Anwendung des Bewertungsergebnisses	Abhängig vom Bewertungszweck kann eine Kaufs- oder Verkaufsempfehlung für eine bestimmte Aktie abgegeben werden.

Die einzelnen Schritte im Detail:

Verständnis des Unternehmensgeschäfts

Für den ersten Schritt müssen die Branchenentwicklungen abgeschätzt werden. Hierfür dienen die fünf Faktoren nach Porter: (1) Rivalität zwischen bestehenden Unternehmen, (2) Bedrohung durch neue Marktteilnehmer, (3) Bedrohung durch Substitute, (4) Verhandlungsmacht der Lieferanten, (5) Verhandlungsmacht der Käufer.

Diese Dynamiken zu verstehen, ermöglicht es, die Rentabilität einer ganzen Branche einschätzen zu können. Eine solche Analyse ist umfassend und wird von speziellen Analysten durchgeführt und erarbeitet. Die Ergebnisse können in entsprechenden Berichten nachgelesen werden. Bei der Interpretation der Ergebnisse sollten folgende Faustregeln beachtet und damit Fehlinterpretationen vermieden werden:

- Eine wachstumsstarke Branche gilt nicht automatisch als attraktiv. In einer stark wachsenden Branche nimmt die Konkurrenz zwischen Unternehmen schnell ab, weil der wachsende Markt eine Chance für alle Unternehmen bietet. Allerdings kann schnelles Wachstum auch dazu führen, dass die Verhandlungsmacht der Lieferanten steigt. Durch niedrige Eintrittsbarrieren treten schnell neue Unternehmen in den wachsenden Markt ein. All dies führt zu einer gemäßigten Rentabilität, weil etwa auch Kunden eine starke Marktmacht besitzen.

- Fortgeschrittene Technologien und Innovationen alleine reichen nicht aus, um einen Markt attraktiv zu machen. In einem Markt müssen stets alle Faktoren betrachtet werden. So gibt es etwa Branchen mit einem niedrigen Technologieniveau, die aber preissensitive Kunden und hohe Eintrittsbarrieren haben. Das führt zu einer höheren Rentabilität.
- Gesetze und Vorschriften können die Rentabilität einer Branche verbessern oder verschlechtern. Daher sollten stets auch die Gesetzesvorhaben der politischen Entscheidungsträger beobachtet werden. Ein starkes Patentrecht führt etwa zu höheren Eintrittsbarrieren, Konkursgesetzgebung ermöglicht den Umbau insolventer Unternehmen und damit die Zunahme der Wettbewerbsintensität.

Grundsätzlich hilft auch die Kenntnis über Industrielebenszyklen, eine Branche und deren Entwicklung abschätzen zu können. Hierzu gibt es folgende Richtwerte:

- Embryonische Phase: langsames Wachstum, hohe Preise, bedeutende Investitionen → hohes Risiko
- Wachstumsphase: schnelle Zunahme der Nachfrage, Preisrückgang, geringer Wettbewerb → Ansteigen der Rentabilität
- Bereinigungsphase: verlangsamtes Wachstum, Zunahme der Wettbewerbsintensität → Rückgang der Profitabilität
- Reifephase: wenig bis kein Wachstum, Konsolidierung der Industrie, hohe Eintrittsbarrieren → kaum Rentabilität
- Niedergang: negatives Wachstum, Überkapazitäten, starker Wettbewerb → kaum Rentabilität

Sind ausreichend Informationen über die Branche vorhanden, können Finanzberichte der Unternehmen analysiert werden. Hier geht es insbesondere um die Analyse der Bilanz, der Gewinn- und Verlustrechnung und der bereits beschriebenen Kennzahlen.

Prognose des Unternehmenserfolgs

Liegen diese Informationen vor, ist eine Prognose der Unternehmensperformance möglich. Die Vorhersage kann Top-down oder Bottom-up erfolgen, konkret:

- Top-down: Hier wird die Prognose beginnend mit makroökonomischen Faktoren erstellt. Danach folgt die Industrieanalyse, danach die Unternehmensanalyse.
- Bottom-up: Hier startet die Prognose bei der Unternehmensanalyse und schließt mit den makroökonomischen Faktoren ab.

Grundsätzlich kann die Beurteilung vergangener Unternehmensperformance eine Basis für eine künftige Analyse sein. Außerdem sollten neben quantitativen Faktoren (Zahlen, Daten, Fakten) auch qualitative Faktoren einfließen, soweit bekannt. Zu diesen zählen die unternehmerischen Fähigkeiten, die Integrität des Managements oder die Transparenz und Qualität der Berichterstattung des Unternehmens.

Auswahl des Bewertungsmodells

Wie vorab beschrieben, wird zwischen absoluten und relativen Bewertungsmodellen unterschieden. Absolute Modelle bestimmen den inneren Aktienwert, der mit dem Marktwert der Aktie verglichen wird. Zu diesen Modellen zählen Cashflow-Modelle, Wertschöpfungsmodelle und die Optionspreistheorie. Bei relativen Modellen wird hingegen der Wert einer Anlage mit jenem einer anderen verglichen. Zu diesen Modellen zählen die Multiplikatoren.

Kriterien zur Modellauswahl sind, dass die Bewertungsmodelle

- mit den Charakteristika des zu bewertenden Unternehmens konsistent sind,
- aufgrund der Verfügbarkeit und Qualität der Daten angemessen sind und
- mit dem Bewertungszweck übereinstimmen.

Schritt 1 des Bewertungsprozess, das Verständnis des Unternehmensgeschäfts, ist daher sehr wichtig und erleichtert die Auswahl eines Bewertungsmodells.

Umrechnung geschätzter Aktienparameter

Bei diesem Schritt werden die geschätzten Bewertungsparameter in das Bewertungsmodell eingegeben, um den inneren Wert zu bestimmen. Dabei muss beachtet werden, dass die Parameter immer nur geschätzt sind. Daher müssen Anpassungen vorgenommen werden. Dies gelingt einerseits mit Hilfe einer Sensitivitätsanalyse. Dabei wird die Auswirkung einer Veränderung der Prognose auf den Aktienwert untersucht. Ändert sich etwa das geschätzte Umsatz- oder Gewinnwachstum, verändert sich auch die Annahme über das Unternehmenswachstum.

Anwendung des Bewertungsergebnisses

Die Aktienbewertung fließt in so genannte Aktienberichte ein. In diesen Berichten werden die wichtigsten Annahmen und Erwartungen für die Bestimmung des inneren Aktienwerts aufgeführt. Der Bericht enthält eine aktualisierte Bestimmung des Unternehmensergebnisses, eine Beschreibung der makroökonomischen Lage und der Branche und eine Analyse und Prognose der Branche und des Unternehmens. Auch die wichtigsten Bewertungsparameter, das Bewertungsmodell und die bewertungsrelevanten qualitativen Faktoren werden beschrieben.

Aus allen genannten Informationen folgt eine Anlageempfehlung. Diese basiert auf einem Vergleich des inneren Werts mit dem Marktpreis der Aktie. Überschreitet der innere Wert den gehandelten Preis, ist die Aktie unterbewertet und es wird eine Kaufempfehlung abgegeben. Liegt der innere Wert unter dem Marktpreis, ist die Aktie überbewertet und sollte verkauft werden.

Eine Empfehlung zum Kauf oder Verkauf wird nur abgegeben, wenn der innere Aktienwert um eine bestimmte Anzahl von Prozentpunkten vom Marktwert abweicht. Außerdem ist auch die erwartete Rendite ausschlaggebend. Diese hängt vom bezahlten Preis ab. Sind also Unternehmensprognosen gut und die Aktie wird zu einem Preis gehandelt, der wesentlich über dem inneren Wert liegt, liegt eine schlechte Kaufgelegenheit vor, auch wenn das Unternehmen an sich attraktiv ist.

Analyseverfahren und Anlagestrategien

Neben der Aktienbewertung ist die Aktienanalyse das Um und Auf bei der Aktienanlage. Es gibt zwei Analysemethoden:

- die Technische Analyse oder Chartanalyse
- die Fundamentale Analyse oder Fundamentalanalyse

Beide Methoden bestehen seit rund 80 Jahren und sind grundverschieden. Während sich die Fundamentale Analyse mit Makrodaten beschäftigt, versucht die Technische Analyse, Kursverläufe im Kontext wichtiger Indexmarken zu bestimmen. Beide Methoden werden in Fachbüchern seit Jahrzehnten beschrieben und begründet, dennoch konnte sich keine der beiden Methoden durchsetzen. Die Grundlagen der beiden Methoden lassen sich wie folgt beschreiben:

- Technische Analyse: Begründer der Technischen Analyse ist Charles Dow (1851-1902). Der Börsenbarometer Dow Jones Industrial Index wurde nach ihm benannt. Die Technische Analyse basiert auf den in den 1870er Jahren von zwei Deutschen, Laspeyres und Paasche, entwickelten ersten

Preisindizes. Dow entwickelte anhand dieser Lehren ab 1884 die Chartanalyse. Der Fokus dieser Methodik liegt auf Trendzyklen am Aktienmarkt. Vertreter der Technischen Analyse versuchen daher mit unterschiedliche, teils mathematischen, Methoden, Muster in Kursverläufen zu erkennen.

- Fundamentale Analyse: Benjamin Graham (1894-1976) gilt als Entdecker dieser Methode. Als Wirtschaftswissenschaftler und Investor vertrat er die Ansicht, dass eine Aktie nur dann unter ihrem „fundamentalen Wert" verkauft werden sollte. Diesen Wert kann man mit Kurskennzahlen wie dem Kurs-Gewinn-Verhältnis oder dem Kurs-Buchwert-Verhältnis bestimmen. Basierend auf seinen Forschungsarbeiten wurde der Graham-Newman Investmentfonds erstellt. Dieser hat jedoch eine stark variierende Performance, sodass die Lehren der Fundamentalen Analyse nicht als „Zauberformel" angesehen werden können, um Aktien zu analysieren.

Es gibt seit über 80 Jahren keinerlei Annäherung zwischen den beiden Methoden. Beide haben in Forschung und Praxis ihre Berechtigung, keine Methodik kann für sich alleine beanspruchen, besser zu sein. Heute werden von Fonds- und Vermögensverwaltern oft gemischte, auf beiden Ansätzen basierende Anlagestrategien verwendet.

Fundamentale Analyse

Private Anleger, die mit der Fundamentalen Analyse arbeiten wollen, müssen zwei Fragen beantworten:

- Wo können Fundamentaldaten gefunden werden und welche Anforderungen müssen sie erfüllen?
- Über welche Daten müssen in der Fundamentalanalyse umfassende Kenntnisse vorliegen?

Antworten auf beide Fragen finden sich in den wichtigsten Posten der Bilanz sowie der Gewinn- und Verlustrechnung von Unternehmen. Wie im Kapitel **Aktienbewertung** beschrieben, zählen hierzu wichtige Kennzahlen und unternehmerische Fundamentaldaten wie das Kurs-Gewinn-Verhältnis, der Gewinn pro Aktie, die Dividende pro Aktie und der Cashflow.

Um zu bewerten, welche Daten wichtig sind, gibt es folgende Faustregeln:

- Je länger die Zeitreihen und je umfangreicher die gesammelten Daten sind, desto zuverlässiger ist das Ergebnis. In Studien wird ein Minimum von drei Jahren angeraten.
- Anleger sollten nicht nur ein Verständnis für Bewertungskennzahlen haben, sondern auch für weitere Daten, die in Wertpapierstudien vorliegen.

Gewinnschätzungen sind hier die wichtigsten Primärdaten in der Fundamentalen Analyse.

- Es macht Sinn, die gesammelten Daten in einem Excel-Sheet aufzubereiten. So hat man als Anleger nicht nur Zugriff auf Fremddaten, sondern auch auf eigene.
- Privatanleger sollten sich nicht von der Einschätzung professioneller Berater beeinflussen lassen. Gewerbliche Researcher oder Fondsmanager nutzen das eigene Datenmaterial gerne zu Marketingzwecken. Derartige Einschätzungen sollten stets kritisch hinterfragt und mit dem eigenen Wissen verglichen werden.

Um sich selber eine Datenbank erstellen zu können, müssen die richtigen fundamentalen Daten gesammelt werden. Diese finden sich von vielen Anbietern im Internet. Es ist sinnvoll, Daten von bekannten und seriösen Anbietern zu verwenden. Hier kann folgende Empfehlung abgegeben werden:

- Für Makrodaten der Volkswirtschaft: Deutsche Wirtschaftsforschungsinstitute, Deutsche Bank Research, Allianz Global Investors, Bundeszentrale für Politische Bildung, CIA, IWF, Finanz-Service großer Tageszeitungen, Deutsche Bundesbank, Europäische Zentralbank, Börsenverlage

- Für Mikrodaten der Betriebswirtschaft: Großbanken, Sparkassen, DAX-Unternehmen, Google-Finanzen
- Für spezielle Börsendaten: Deutsches Aktieninstitut, Deutsche Börse, World Exchanges

Es ist wichtig auf seriöse Anbieter zurückzugreifen, da die Qualität der Daten stark anbieterabhängig ist.

Für die Fundamentale Analyse gilt die Grundannahme, dass sich Aktienkurse ähnlich wie Immobilienpreise entwickeln. Attraktiv sind Aktien von wachsenden und ertragsstarken Unternehmen, die über viel Eigenkapital verfügen und jederzeit eine überdurchschnittliche Ausschüttung gewährleisten können. Die historische Datenlage untermauert diese Grundannahme: Seit es die ersten Börsen gab, konnten Anlagen mit diesen Merkmalen langfristig die besten Kursentwicklungen verzeichnen.

Im Fokus dieser Analysemethode liegt der innere Wert einer Aktie. In modernen Fundamentalen Analysemethoden geht dieser Fokus aber weiter und bezieht auch den Unternehmenswert mit ein. Das Ziel ist daher nicht nur die Berechnung des Aktienwerts, sondern des fairen Unternehmenswert. Ist ein Unternehmen fair (im Sinne von: richtig) bewertet, muss dementsprechend auch dessen Aktie am Markt fair bewertet sein. Neben den bereits genannten unternehmerischen Fundamentaldaten spielt hier also auch der im Kapitel **Aktienbewertung** beschriebene Economic Value Added eine bedeutende Rolle.

Bei Anwendung der Fundamentalen Analyse ist es wichtig, zu wissen, welche Daten genutzt werden sollen. Die Anzahl möglicher fundamentaler Kursfaktoren ist schier unendlich, sodass für Sie als Anwender wichtig ist, zu wissen, welche Daten wirklich aussagekräftig sind. Primär sind das jene Faktoren der bis dato „nicht genutzten“ Größen der externen Rechnungslegung, also des Jahresabschlusses, sowie der internen Kosten- und Leistungsrechnung. Konkret wären dies:

- Aus der Bilanz und dem Lagebericht: Verschuldungs- und Finanzierungsgrade, Auftragseingänge (Lagebericht), Investitionen (Anlagespiegel)
- Aus der Gewinn- und Verlustrechnung: Umsatz, Produktivität (Gewinn pro Mitarbeiter), Kostenquoten (Kostenarten im Verhältnis zum Bruttoergebnis), verschiedene Margen (Umsatzmargen, etc.), Auslandsanteile (Lagebericht und Anhang)

Ebenfalls wichtig sind Statistiken über die Liquiditätsbestände und die Liquiditätszu- und Abflüsse.

Um mit der Fundamentalen Analyse arbeiten zu können, ist es wichtig, sich über die Anlagestrategie Gedanken zu machen. In diesem Zusammenhang sollten auch die fundamentalen Börsengesetze bekannt sein. Es gibt vier Thesen:

- Die Aktienkurse eines Unternehmens hängen proportional von den Faktoren Ertrag, Substanz, Dividende und Wachstum ab.
- Alle Kursfaktoren verstärken sich gegenseitig, sodass mehr günstig bewertete Faktoren einer Aktie zu höheren Kurschancen führen.
- Der wichtigste Kursfaktor ist der Ertrag, der durch das Kurs-Gewinn-Verhältnis repräsentiert wird.
- Das Kurs-Gewinn-Verhältnis am Markt tendiert zu einem langfristigen Durchschnitt, Extremwerte sind nur von kurzer Dauer.

Diese Thesen basieren auf den Gesetzen der Logik und auf Marktbeobachtungen.

Wichtig ist, dass diese Thesen nur eine Orientierung geben können und sollen. Sie weisen erhebliche Schwächen auf, bessere Thesen gibt es allerdings bislang noch nicht.

Geht es nun um die Anlagestrategie, beschränkt sich dies nicht auf die Frage, welche Aktien ins Depot aufzunehmen sind. Es geht auch um die Frage, wann die Aktien verkauft werden sollen und welche Ausstattungsmerkmale wichtig sind. Transparente Anlagestrategien Dritter lassen sich gut nachvollziehen und kopieren, außerdem kann so ihre Wirksamkeit getestet werden. Verfügt man über ein Depot, werden alle strategisch gekauften Aktien nach den gleichen Kriterien ausgesucht. Es gibt außerdem eine feste Anlagezeit.

Zur Anlagestrategie gehört die Entscheidung über folgende Fragen:

- Zeitpunkt des An- und Verkaufs: Verkauf nach einer festen Haltedauer, Sofortkauf bei freien Mitteln, Verkauf nach definiertem Zuwarten, Verkauf nach einem numerischen Anlageziel, Verkauf bei bestimmten Marktsignalen
- Einbau von Risikokomponenten: Welche Streuungs- und Diversifikationskonzepte, wie viele Einzeltitel, wie viele Branchen und Länder, welche Gewinnabsicherung
- Kauf- und Verkaufstechniken: limitierte oder unlimitierte
- Gewichtung: gleiche vs. unterschiedliche Gewichtung, konstante vs. variierende Gewichtung

Es besteht also eine große Variantenvielfalt für die Aktienanlage. Um hier eine Orientierung zu geben, wurden für die Fundamentale Analyse entsprechende Strategien etabliert. Zu den wichtigsten Fundamentalstrategien zählt die Substanz- und Wachstumsstrategie. Sie fokussiert sich auf Ertrag, Substanz und Dividende. Das sind sohin die wichtigsten Bewertungskriterien.

Zusätzlich gibt es konkrete Anlagetipps, die sich aus der Fachliteratur zur Fundamentalen Analyse ableiten lassen:

- Achten Sie nicht allzu sehr auf den Gesamtmarkt.
- Kaufen Sie niemals eine Aktie, nur weil sie gerade gestiegen oder gefallen ist.
- Arbeiten Sie hingegen mit einer fixen Anlagestrategie mit festen Anlageregeln.
- Kaufen Sie Aktien, als würden Sie ganze Unternehmen kaufen.
- Achten Sie auf die Qualität.
- Erwerben Sie zu Beginn nur Standardwerte mit langjährigem Anlagehorizont.
- Denken Sie eigenständig und seine Sie geduldig.

Auch zu den verschiedenen Fundamentaldaten von Unternehmen lassen sich solche Faustregeln formulieren:

- Die Ertragsrendite sollte mindestens doppelt so hoch sein wie die durchschnittliche Rendite von Anleihen.
- Das Kurs-Gewinn-Verhältnis sollte weniger als 40 Prozent des höchsten Kurs-Gewinn-Verhältnisses der vergangenen fünf Jahre sein.
- Die Dividendenrendite sollte mindestens zwei Drittel der Anleihenrendite betragen.
- Der Aktienkurs sollte nicht mehr als zwei Drittel des Buchwerts betragen.

- Das Fremdkapital sollte das Eigenkapital nicht übersteigen.
- Das Umlaufvermögen sollte mindestens das Doppelte der kurzfristigen Verbindlichkeiten betragen.
- Das Fremdkapital sollte geringer sein als das zweifache Netto-Umlaufvermögen.
- Das Gewinnwachstum sollte in den letzten zehn Jahren durchschnittlich mindestens sieben Prozent betragen haben.
- Die Gewinnrückgänge sollten in den letzten zehn Jahren nicht mehr als zwei Mal bis zu fünf Prozent pro Jahr betragen haben.
- Verkauf ist richtig, wenn (1) die Aktie über 50 Prozent gestiegen ist, (2) die Dividende ausfällt, (3) durch das Absinken der Gewinne pro Aktie der Zielkurs so stark fällt, dass der aktuelle Kurs 50 Prozent über dem neuen Zielkurs liegt, (4) die Aktie zwei Jahre lang gehalten wurde und keines der anderen Kriterien eine Verkaufsentscheidung bewirkt hat.

Für Ihre fundamentale Anlagestrategie müssen Sie außerdem Indikatoren definieren. Erst, wenn Sie „Ihr" Kurs-Gewinn-Verhältnis definiert haben, wird eine allgemeine Strategie zu Ihrer Einzelstrategie. Für die Substanzstrategien gibt es zehn bis zwanzig geeignete Indikatoren aus der Bilanz und der Gewinn- und Verlustrechnung. Jeder dieser

Indikatoren besitzt Stärken und Schwächen, sodass der Anleger für sich selber entscheiden muss, welche Stärken für ihn am wichtigsten erscheinen. Es gibt keine allgemeine Erkenntnis darüber, welche Indikatoren die erfolgreichsten sind. Dies zählt wohl zu den größten ungelösten Börsengeheimnissen. Es gibt jedoch Richtwerte, die bei der Auswahl geeigneter Indikatoren helfen:

- Es ist sinnvoll, Indikatorenwerte zu relativieren und mit dem Aktienkurs zu vergleichen. Es kommt demnach nicht darauf an, wie hoch der absolute Gewinn pro Aktie ist, sondern wie hoch dieser Gewinn in Relation zum Aktienkurs ausfällt. Wichtige Werte wurden hierzu bereits genannt: Kurs-Gewinn-Verhältnis, Kurs-Buchwert-Verhältnis, Kurs-Cashflow-Verhältnis, Kurs-Umsatz-Verhältnis.
- Indikatoren müssen geeignet sein, eine ökonomische Kategorie ausreichend gut abzubilden. Dennoch können bei allen Indikatoren Interpretationsschwierigkeiten entstehen. Es ist daher notwendig, die Stärken und Schwächen der gewählten Indikatoren zu kennen.
- Für das Kurs-Gewinn-Verhältnis gelten beispielsweise folgende Vorteile: leichte Berechnung, einfache Erklärbarkeit, internationale Verbreitung, Objektivierung möglich.

- Zugleich gelten folgende Nachteile: unterschiedliche Steuersysteme machen einen internationalen Vergleich unmöglich; es bleibt zudem unklar, an welchem Kurs-Gewinn-Verhältnis sich der Strategieanwender letztlich orientieren soll.

Ähnliche Analysen lassen sich bei allen übrigen Indikatoren anstellen. Ein wichtiger Richtwert ist zudem der folgende:

- Ein Kurs-Buchwert-Verhältnis unter 1 birgt ein hohes Irritationspotenzial. Im Normalfall muss der Wert über 1 liegen, da alleine das Eigenkapital einen Wert von 1 ausmacht. Liegt der Wert also unter 1, bestehen Substanzprobleme.

Zuletzt darf bei Anwendung der Fundamentalen Analyse ein wesentlicher Informationspool nicht übersehen werden: Die börsenrelevanten Nachrichten. Hierbei geht es nicht darum, Nachrichten penibel zu verfolgen, sondern jene Nachrichten herauszufiltern, die für die eigene Anlagestrategie wichtig sind und jene Daten oder Indikatoren betreffen, die gewählt wurden. Folgende Informationen können dienlich sein:

- Nachrichten für eine beeinflussende Bewertung: Nachrichten über Ergebnisse, Substanzwerte, Dividenden; Finanzberichte; temporäre Informationen wie Ad-hoc-Meldungen oder Analysen

- Sonstige wertende Nachrichten: Informationen über Akquisitionen, Kapitalerhöhung, Managementwechsel oder Skandale

Auch hier gilt, dass Nachrichten kritisch betrachtet und auf seriöse Quellen hin überprüft werden sollten.

Technische Analyse (Chartanalyse)

Auch bei der Chartanalyse wird mit konkreten Daten gearbeitet, sodass, ebenso wie bei der Fundamentalen Analyse, die Datenqualität entscheidend ist. Grundsätzlich wird angenommen, dass die Chartanalyse sich nur auf Kurse fokussiert, während die Fundamentale Analyse sich nur auf ökonomische Daten bezieht. Das ist allerdings etwas zu kurz gegriffen. Richtig ist, dass die Möglichkeiten der Chartanalyse etwas begrenzter sind, da bei der Fundamentalanalyse zahlreiche Daten zur Verfügung stehen. Dennoch arbeitet auch die Chartanalyse mit verschiedenen Datenkategorien:

- Kurse
- Handelsumsätze
- Börsenorder
- Daten von Termin- und Derivatebörsen

Innerhalb der verschiedenen Kategorien gibt es weitere Unterscheidungen. Bei Kursen kann zwischen Eröffnungs-,

Schluss-, Höchst-, Niedrigst- und sonstigen Kursarten unterschieden werden.

Das vorhandene Datenmaterial bei der Chartanalyse ist also ebenfalls umfassend, wenn auch bescheidener als bei der Fundamentalen Analyse. Allerdings sind bei der Chartanalyse wiederum die Möglichkeiten, aus Primärdaten durch zeitliche Verschiebungen Sekundärdaten zu bilden, erheblich größer und im Grunde sogar unbegrenzt.

Sekundärdaten werden oft mit Indikatoren verwechselt, allerdings gibt es hier folgende Unterscheidung zu beachten: Stellen konkrete Daten eine rein mathematische Zahl ohne Nutzungsbezug dar, handelt es sich um Sekundärdaten. Werden die Daten hingegen zur Operationalisierung einer Chart-Strategie verwendet, handelt es sich um einen Indikator.

Wie auch bei der Fundamentalen Analyse stellt sich bei der Chartanalyse die Frage, wo geeignete Daten gefunden werden können. Qualitativ hochwertige Daten für die Chartanalyse können in einem viel höheren Maße auf kostenlosen Internetseiten gefunden werden, als bei der Fundamentalen Analyse. Bekannte deutsche Anbieter solcher Daten sind:

- Onvista
- Maxblue
- Forex
- Comdirect

Das Angebot besteht hier aus Kurs- und Volumendaten sowie aus verschiedenen Indikatoren. Daten und Charts können bis auf 30 Jahre zurückdatieren, sodass Anleger einen umfassenden Blick auf die Historie erhalten.

Bei der Chartanalyse stellt sich demnach viel weniger die Frage nach dem Erhalt der Daten, sondern vielmehr nach der Interpretation:

Den Startpunkt bilden verschiedene Chartmuster. Die Digitalisierung bietet schier unendliche Möglichkeiten, Muster zu finden und diese zu speichern. Allerdings wird dabei zugleich die Trennung zwischen Sonderfall und Allgemeingültigkeit immer schwerer. Für Anfänger ist es wichtig, hier zwischen Chartbild und Charttheorie, also einer allgemeingültigen Aussage, zu unterscheiden. Ein Chartbild ist eine normale Grafik, also eine Darstellungsform von Zahlen. Hingegen besteht die einfachste Charttheorie aus einem Chartbild und einer dazugehörigen Beschreibung des Kurses, der darauf zu sehen ist.

Chartgesetze lassen sich ebenso wenig vorhersagen wie Fundamentalgesetze. Bevor eine Kurstheorie formuliert werden kann, muss der Kurs auf wiederkehrende Auffälligkeiten hin überprüft werden. Diese Auffälligkeiten werden in Chartmuster und Chartbilder unterteilt. Ein Chartmuster zeichnet sich durch besondere Chartbilder aus.

Folgende Chartmuster können unterschieden werden:

- Zyklen: Ein ausgebildeter Zyklus ist ein Chartmuster mit klaren Auf- und Abstiegsphasen. Die einzelnen Phasen sind die Chartbilder.
- Trends: Ein klarer Abwärtstrend wird von einem klaren Aufwärtstrend abgelöst.
- Formationen: Von Formationen spricht man, wenn Kursbewegungen ersichtlich sind, die in vorherigen Phasen nicht so deutlich zum Vorschein kommen.
- Oszillationen: Beginnen Kurs am Ende einer Periode, sich eher seitlich zu bewegen und zwischen der oberen Begrenzungs- und der unteren Unterstützungslinie zu pendeln, spricht man von Oszillationen.

Chartmuster und Chartbilder werden sohin periodenspezifisch eingeteilt. Dies dient der besseren Abgrenzung. In der Praxis werden in jeder abgegrenzten Periode gleichzeitig mehrere Chartbilder und Chartmuster vorkommen. Um diese zu finden, ist nicht nur die Länge der Beobachtungsperiode entscheidend, sondern auch die Häufigkeit der Erhebungen. In einem Stundenchart sind weitaus mehr Einzelheiten ersichtlich als in einem Wochenchart.

Die jeweiligen Chartmuster werden als separate Kursfaktoren aufgefasst und machen zusammen den Inhalt der

Chartanalyse aus. Der Anleger stellt sich nun in diesem Zusammenhang die Frage, wie einzelne Muster erklärt werden können.

Im Unterschied zur Fundamentalen Analyse ist es bei der Chartanalyse wichtig, neben allgemeinen Kursgesetzen auch musterspezifische Kursgesetze zu formulieren. Allgemeine Kursgesetze sind übergeordnet und bilden den Rahmen, musterspezifische Kursgesetze sind untergeordnet. Zur Orientierung wurden in der Chartanalyse verschiedene Thesen zu den einzelnen Mustern formuliert:

- Zyklen: Zyklen beherrschen nicht nur Börsen, sondern unsere gesamte Marktwirtschaft. Zwar sind Kurszyklen schwankungsintensiver als Konjunkturzyklen, dennoch treten sie ebenso regelmäßig auf. Bedeutend ist, dass der Verlauf von Kurszyklen sich weder mit wirtschaftlichen Zyklen noch mit Börsenzyklen rein fundamental erklären lässt. Zwei wichtige Thesen sind: (1) Börsenzyklen wiederholen sich, und (2) lange Zyklen überlappen die kurzen.
- Trends: Gewinnt ein (zyklischer) Aufschwung an Dynamik, wird von einem Trend gesprochen. Ein aufsteigender langfristiger Trend besteht ebenso wie ein langer Zyklus aus mehreren kleineren Trends. Trendverhalten werden häufig mit psychologischen Instrumenten erklärt. Es wird also argumentiert, dass

massenpsychologische Aktivitäten im Sinne einer sich selbst erfüllenden Prophezeiung Trends erzeugen. Verläuft ein Trend nicht linear, wird von einem Trendkanal gesprochen. Auch hierzu gibt es Thesen: (1) Ein Trend bleibt so lange stabil, bis die Trendlinie von oben nach unten (Aufwärtstrend) oder von unten nach oben (Abwärtstrend) durchbrochen wird; (2) In einem langfristigen Trend können mehrere kurzfristige, auch gegenläufige Trends vorkommen; (3) Es gibt keine Einigkeit darüber, wie viele Zwischenhochs oder -tiefs ein Aufwärts- oder Abwärtstrend mindestens haben muss.

- Formationen: Charttechnische Formationen können etwa Dreiecke oder M- und W-Formationen sein. Sie lassen sich börsenpsychologisch erklären, allerdings wurden sie in der Praxis verdrängt und werden nicht mehr häufig angewendet. Das liegt vor allem darin, dass sie sehr subjektiv sind, denn ein Kursdreieck hat nichts mit einem exakten mathematischen Dreieck gemein. Zur Orientierung gibt es auch für Formationen zwei Thesen: (1) Formationen müssen ausgereift sein, es müssen also mindestens zwei Drittel eines bestimmten Bildes vorliegen; (2) Formationen folgen dem Zufallsprinzip, es gibt keine zeitlichen Regeln.

- Oszillationen: Eine Oszillation ist ein Seitwärtstrend oder Seitwärtskanal. Sie ist durch starke Ausschläge ober- oder unterhalb der Wiederstands- oder Unterstützungslinie erkennbar. Seitwärtskanäle sind stark schwankenden Märkten ähnlich, weshalb diese auch als oszillierende Märkte bezeichnet werden. Für Oszillationen besteht die These, dass die Länge eines regelmäßigen Seitwärtstrends vorab nicht voraussagen lässt.

Neben diesen spezifischen Thesen bestehen für die Chartanalyse auch allgemeine Grundthesen oder Grundgesetze:

- Es wird davon ausgegangen, dass alles, was einen Kurs beeinflussen kann, auch durch den Kurs widergespiegelt wird. Das ist in der Anlagepraxis zwar für die Kursanalyse wichtig und richtig, für eine Kursprognose jedoch unerheblich. Der Grund ist, dass eine Anlageentscheidung heute getroffen werden muss, kursbeeinflussende Nachrichten und Informationen vielleicht aber erst morgen bekannt werden. Für eine Kursprognose ist die Chartanalyse also ebenso wenig geeignet wie die Fundamentale Analyse.
- Die Chartanalyse geht zudem davon aus, dass Geschichte sich wiederholt. Auffälligkeiten können nur

dort erkannt werden, so Dinge (Muster) sich häufig wiederholen.

Was sind nun charttechnische Anlagestrategien?

Für jedes der vier Chartmuster können entsprechende Strategien entwickelt werden. Es ist allerdings nicht möglich, eine Strategie direkt aus dem Muster abzuleiten, denn

- Muster und Bilder verformen sich;
- oft besteht eine optische Unschärfe, die zu einem Identifikationsproblem führt;
- der Wechsel von einem Muster oder Bild zu einem anderen ist unscharf und nicht immer klar erkennbar.

Diese Interpretationsschwierigkeiten müssen in Kauf genommen werden, wenn mit der Chartanalyse gearbeitet wird.

Hier lassen sich folgende Strategiefamilien unterscheiden:

- Trendfolger: Trendfolgerstrategien nutzen Erkenntnisse eines Trendmusters aus. Da sich Muster überlappen, gibt es in großen Trends viele Einstiegsmöglichkeiten. Außerdem ist es so möglich, auch kleinere Trends zu nutzen. Es kann nie zu spät sein, auf einen langfristigen Trend aufzuspringen. Langfristige Trends gibt es allerdings immer, sie sind nicht schwer zu erkennen. Schwieriger ist die

Entscheidung, wann ein Einstieg richtig ist. Hierzu dienen Indikatoren. Sie sollen eine Trendumkehr zeitgerecht anzeigen. Bei einer Trendumkehr steigt der Anleger ein oder aus, bei einer Trendbestätigung bleibt er bei der Anlage.

- Momentum: Bei Momentumstrategien nutzen Anleger die Erkenntnisse aus Oszillatoren-Mustern. Sie eignen sich bei Seitwärtsmärkten, in denen sich Kurs in einem Seitwärtskanal bewegen. Grundsätzlich ist es hier profitabel, immer an der unteren Unterstützungslinie zu kaufen und an der oberen Widerstandslinie zu verkaufen. Es handelt sich hierbei um eine kurzfristige Anlagestrategie, weil das Verweilen eines Kurses an solchen Extrempunkten gewöhnlich von kurzer Dauer ist. Eine Entscheidung muss daher sehr schnell getroffen werden. Dabei gilt es jedoch zu beachten, dass Oszillatoren zu Fehlsignalen neigen, weil Seitwärts- und Trendmärkte gleich verlaufen.

Zuletzt muss noch näher auf die angesprochenen Indikatoren eingegangen werden. Während es, wie vorab beschrieben, bei der Fundamentalen Analyse nur zehn bis zwanzig relevante Indikatoren gibt, bestehen bei der Chartanalyse weitaus mehr mögliche Indikatoren. Indikatoren sind keine Zauberformel und bewirken auch keine Prognosewunder, sie dienen rein der Orientierung. Es gibt durch die Möglichkeiten der Digitalisierung unzählige Indikatoren, sodass es nicht möglich ist, auf alle einzugehen. Nachfolgend soll daher ein ausgewählter Indikator beschrieben werden, um darzulegen, wie die Interpretation von Indikatoren funktioniert:

- Momentum: Für den Indikator Momentum wird der Schlusskurs von heute durch den Schlusskurs vor n-Tagen dividiert und das Ergebnis mal 100 multipliziert. Die Einstellung für n ist gewöhnlich zwischen 10 und 30 Tagen. Ein gewöhnlicher Verlauf liegt vor, wenn es Schwankungen um den Wert 100 (Momentum = 100) gibt. Bei längeren Einstellungen liegen höhere Schwankungen vor, bei kürzeren Einstellungen niedrigere. Die unterschiedlichen Ausprägungen des Momentums zeigen die Schwungkraft eines Kurses an. Je höher der Indikator, desto höher der Kursschwung. Aktien mit dem höchsten Indikator sind kaufenswert.

Wie ist nun das Vorgehen?

Sowohl bei der Fundamentalen Analyse als auch bei der Chartanalyse kommt ein Anleger nicht umhin, nach dem Prinzip Versuch-und-Irrtum vorzugehen. Um eine Trendrichtung und deren Intensität identifizieren zu können, müssen mehrere Indikatoren angewendet werden, um im Endeffekt eine Entscheidung treffen zu können.

Es gibt eine Vielzahl von Signalen. Interessant sind Aktien, bei denen sich eine Trendumkehr abzeichnet und die daher Gelegenheit bieten, auf einen Trend aufzuspringen. In jedem Langzeittrend gibt es kürzere Sekundärtrends, die lukrative Einstiegschancen bieten.

Die Vielfalt von Signalen erschwert jede Prognose. Es ist daher wichtig, zusätzlich noch nicht-kursbasierte Indikatoren heranzuziehen, insbesondere die Volatilität eines Kurses und die Umsätze. Zusätzlich sind auch hier, wie auch bei der Fundamentalen Analyse, börsenrelevante Nachrichten mit einzubeziehen.

ETFs: Know-How zur beliebten Anlageform

Aktien sind beliebte Anlageobjekte. Doch seit einigen Jahren drängen auch die so genannten ETFs auf den Markt. ETF ist die Abkürzung für Exchange Traded Funds. Diese zählen in den USA seit vielen Jahren zu den beliebtesten Anlageobjekten und werden auch in Europa immer beliebter.

ETFs sind Indexfonds, die Indizes passiv nachbilden. Sie sind daher ebenso leicht handelbar wie Aktien.

Warum sind ETFs so interessant?

Um diese Frage zu beantworten, muss zuerst auf die Grundlagen der Geldanlage eingegangen werden. Die (hypothetische) ideale Geldanlage bestünde aus einer Anlage mit dem niedrigsten Risiko und der höchsten Rendite. Eine solche Anlage gibt es in der Realität jedoch nicht. Ausschlaggebend für die Bewertung einer jeden Anlage ist daher das magische Dreieck der Anlageziele: Risiko-Rendite-Verfügbarkeit. Diese drei Anlageziele stehen in einem Spannungsverhältnis zueinander, denn:

- Je höher die Rendite, desto höher das Risiko und geringer die Verfügbarkeit.
- Je höher die Verfügbarkeit, desto geringer die Rendite und das Risiko.
- Je geringer das Risiko, desto höher die Verfügbarkeit, aber desto geringer die Rendite.

Jeder Anleger muss sich innerhalb dieses „magischen Dreiecks der Geldanlage" entscheiden, wie er diese Ziele gewichten will. Die Ziele

- Renditeorientierung,
- Sicherheitsdenken, und
- Wunsch nach Flexibilität

sind dabei gleichermaßen berechtigt. Wer also eine überdurchschnittlich hohe Rendite anstrebt, muss damit rechnen, dass diese mit überdurchschnittlichen Risiken einhergehen wird, usw.

Hier kommen ETFs ins Spiel. ETFs lösen dieses Spannungsverhältnis zum Teil auf, denn es handelt sich um Anlageinstrumente, die ein geringeres Risiko aufweisen als Einzelaktien, über die die Anleger aber mit gleicher Flexibilität verfügen können. Das Risiko ist bei ETFs deshalb geringer, weil sie nicht nur Einzelaktien abbilden, sondern ganze Indizes. Diese Indizes spiegeln wiederum die Wertentwicklung vieler, nach unterschiedlichen Prinzipien ausgewählter Aktien wider.

Jede dieser Aktien verfügt über ein anderes Risikoprofil, häufig verhalten sich die Risiken der Aktien umgekehrt proportional zueinander. Der Verlust einer Aktie wird so durch den Gewinn einer anderen Aktie abgefangen. Darauf folgt: Je breiter ein Anlageportfolio diversifiziert ist, desto geringer ist das Gesamtrisiko der Anlage.

Dieses Prinzip liegt ETFs zugrunde. Es liegt auch allen übrigen Investmentfonds zugrunde. Allerdings verfolgt bei traditionellen Investmentfonds ein Fondsmanager die Anlagestrategie. Es gibt daher eine aktive Anlagestrategie, bei der das Fondsmanagement in ein Portfolio mit der Zielsetzung investiert, die Wertentwicklung des nachgebildeten Referenzindex möglichst zu übertreffen. Bei ETFs handelt es sich hingegen um passive Anlageinstrumente. Hier ist es das Ziel des Fondsmanagements, die Wertentwicklung des Referenzindex möglichst exakt abzubilden.

Anleger haben den Vorteil, mit nur einer Transaktion in ein hoch diversifiziertes Portfolio zu investieren. Gleichzeitig ist das Risiko gegenüber einer Anlage in eine Einzelaktie deutlich geringer. Die Flexibilität ist gleich hoch wie bei Aktien und ungleich höher als bei traditionellen Investmentfonds. Bei diesen fällt beim Kauf in der Regel eine Gebühr an und sie müssen über einen längeren Zeitraum gehalten werden, damit die jährliche Rendite dieses Entgelt aufwiegt. ETFs können hingegen mit derselben Flexibilität wie Aktien gehandelt werden. Es gibt keine Ausgabeaufläge oder Rücknahmeentgelte. Nur Transaktionskosten für Kauf und Verkauf müssen vom Anleger getragen werden.

Ein weiterer Vorteil von ETFs ist, dass sie neben Indizes auch komplexe Anlagestrategien nachbilden. Diese waren bisher ausschließlich professionellen Anlegern vorbehalten, bei ETFs können auch Privatanleger profitieren.

ETFs können außerdem sowohl für die kurzfristige als auch für die langfristige Anlage genutzt werden. Aufgrund der geringen Handelskosten und der hohen Liquidität ist es nicht notwendig, einen langfristigen Anlagehorizont zu verfolgen.

Entwicklung von ETFs

ETFs gibt es seit gut zwei Jahrzehnten. Der erste ETF wurde nach dem kanadischen Leitindex abgebildet und an der Toronto Stock Exchange in Kanada eingeführt. Erst mit Einführung an der New Yorker Börse wurde der ETF zum kommerziellen Erfolg. Im Jahr 2000 startete die Deutsche Börse als erster Börsenbetreiber in Europa den Handel mit ETFs. Das durchschnittliche Handelsvolumen wuchs schnell von 0,2 Mrd. Euro im Jahr 2000 auf etwa 13 Mrd. Euro im Jahr 2010 und hat sich damit bereits in der ersten Dekade fast versechzigfacht.

Einer der wesentlichen Gründe für diesen Erfolg ist, dass die Wertentwicklung von ETFs transparent ist. Der Index, der durch sie nachgebildet wird, ist jedem Anleger zugänglich. Das gleiche gilt auch für die Kosten. Für die Anlage fällt nur eine geringe Verwaltungsgebühr von 0,1 bis 1 Prozent an. Hinzu kommen die Bankgebühren für das Führen der Depots. Mehr Kosten fallen nicht an.

Wie entstehen ETFs?

ETFs nutzen einen bestimmten Index als Basiswert. Es gibt unzählige Indizes, die hierfür gewählt werden können, alleine an der Deutschen Börse finden sich mehrere Tausend Indizes. Die Konstruktion des Index ist von entscheidender Bedeutung für seine Eignung als ETF-Basiswert. Dabei können ETFs sich sowohl auf Performance- als auch auf Kursindizes beziehen:

- Kursindizes messen die eigentliche Kursentwicklung.
- Performanceindizes messen neben der Kursentwicklung auch die Erträge aus Dividenden-, Bonus- und Zinszahlungen.

Der Anleger profitiert bei beiden Varianten von den Dividenden- und Zinszahlungen. Bei beiden Varianten ist auch vorrangig relevant, wie ausgewogen die Diversifikation der Indizes ist.

Wird ein ETF gelistet, erfolgt dies nach einem bestimmten Prozess. Zunächst erstellt der Emittent des ETF einen Prospekt, der von der Bundesanstalt für Finanzdienstleistungsaufsicht überprüft wird. Fällt die Prüfung positiv aus, kann der Emittent gemeinsam mit einer Bank einen Antrag auf Zulassung des ETF zum regulierten Markt an der Frankfurter Wertpapierbörse stellen. Der anschließende Handel funktioniert ebenso wie der Aktienhandel. ETFs werden daher laufend gehandelt, die Mindesthandelsgröße liegt bei einem Fondsanteil.

Dem Anleger stehen verschiedene Ordertypen zur Verfügung. Ein Beispiel sind limitierte Aufträge, die nur bis zu einem bestimmten, vom Anleger angegebenen Preislimit ausgeführt werden können.

Das wichtigste Kriterium für die Beurteilung der Marktqualität ist hier die Liquidität. Anleger und Handelsteilnehmer profitieren von liquiden Märkten, auf denen Anlagen sofort und zu geringen Kosten gehandelt werden können.

Arten von ETFs

Klassische ETFs bilden einen Standard-Aktienindex ab, etwa den DAX oder den EURO-STOXX. Über 30 Prozent des in Europa verwalteten ETF-Vermögens basiert auf STOXX-Indizes.

ETFs lassen sich nicht nur nach dem zugrunde liegenden Markt abbilden, sondern auch nach der Methode, mit der sie Indizes abbilden. Hier gibt es folgende Ansätze:

- Physische ETFs: Abbildung mittels „Full Replication“

- Synthetische ETFs: Abbildung mittels Swap-basiertem Ansatz

Bei der Full Replication befinden sich im Fondsvermögen exakt jene Finanzinstrumente, die in die Indexberechnung eingehen. Beim synthetischen Ansatz werden außerbörsliche Derivate (Swaps) genutzt, die durch Tauschgeschäfte zu im Voraus bestimmten Rückgabebedingungen die Wertentwicklung anderer Finanzinstrumente nachbilden. Es gibt Märkte, die ausschließlich für die synthetische Abbildung geeignet sind, konkret Geldmarkt, Rohstoffmarkt, Short-Markt.

Es gibt keine allgemeine Aussage darüber, welche ETFs besser sind. Dies hängt von der Anlagepräferenz des Anlegers ab.

Erfolgsfaktoren bei der ETF-Anlage

Bei der Anlage in ETFs muss der Anleger in einem ersten Schritt die Entscheidung treffen, in welche Anlageklasse investiert werden soll:

- Aktien,
- Festverzinsliche Wertpapiere, oder
- Rohstoffe.

Die Entscheidung hängt von den individuellen Rendite-Risiko-Erwartungen ab, sowie von der Einschätzung der aktuellen Wirtschaftslage. Im Sinne einer möglichst großzügigen Diversifizierung ist es sinnvoll, in verschiedene Anlageklassen zu investieren.

Innerhalb der Anlageklassen muss in einem nächsten Schritt ein Indextyp ausgewählt werden. Hier wird die Wahl zwischen den zuvor beschriebenen Performance- oder Kursindizes gefällt.

Anschließend muss über die Art der Indexreplikation, also physisch vs. synthetisch, entschieden werden.

Danach müssen die Kosten der ETFs berechnet werden. Ein wichtiger Kostenpunkt ist die Gesamtkostenquote. Diese fasst die wichtigsten Kosten auf Ebene des Fonds in einer Kennzahl zusammen, der „total expense ratio" (TER). In die TER fallen die jährlichen Verwaltungsgebühren und die Depotbankgebühren. Nicht enthalten sind hingegen die Transaktionskosten, die beim Kauf oder Verkauf entstehen. Diese sind beim Handel von ETFs vergleichsweise niedrig.

Die beliebtesten ETFs: Aktien-ETFs

Aktien-ETFs gelten als ideale Aktienanlageform für Privatanleger. Der Erfolg der privaten Aktienanlage wird dabei durch vier wichtige Faktoren bestimmt:

- Ein langfristiger Anlagehorizont
- Das Diversifizieren von Anlagen
- Das regelmäßige Anlegen

- Das kostenbewusste Agieren

Diese Faktoren berücksichtigend, haben Privatanleger verschiedene Möglichkeiten, Aktien zu erwerben:

- passiv verwaltete Fonds (ETFs)
- aktiv verwaltete Fonds
- Direktanlage
- Dachfonds
- Zertifikate
- Optionsscheine

Bei den genannten fünf Optionen sind ETFs am vorteilhaftesten. Die kann im Einzelnen wie folgt begründet werden:

Optionsscheine sind für den Vermögensaufbau grundsätzlich ungeeignet. Aktien-Optionsscheine sind Hebelprodukte, die der Spekulation auf Kursschwankungen dienen. Ähnliches gilt auch für Zertifikate. Hierbei handelt es sich um von Banken begebene Anleihen, deren Zins- und Rückzahlungsprofil mit der Entwicklung bestimmter Aktien verknüpft wird. Auch hierbei handelt es sich um Spekulationsobjekte.

Für Dachfonds gilt, dass diese oftmals an den hohen Kosten scheitern. Traditionelle Dachfonds legen in Aktienfonds an. Er ersetzt somit das Fondsmanagement und nimmt dem Anleger die Suche nach einem guten Fondsmanager ab. Das ist grundsätzlich vorteilhaft, jedoch nur, solang die Kosten dafür nicht zu stark ansteigen. Der Dachfonds verrechnet nicht nur die Kosten der Fonds, sondern auch eine zusätzliche Verwaltungsgebühr. Zudem sind die Kosten der Zielfonds oft nicht transparent dargestellt, sodass schnell mehrere Prozent an zusätzlichen Kosten pro Jahr anfallen.

Für den unmittelbaren Erwerb von Aktien gilt, dass dieser sinnvoll sein kann, wenn es um größere Vermögen von 100.000 Euro aufwärts geht. Um dieses Vermögen ausreichend über verschiedene Branchen und Regionen zu streuen, ist es notwendig, mindestens 20 Titel zu erwerben, also 20 Transaktionen durchzuführen. Dafür muss eine Kaufprovision von mehreren 100 Euro bezahlt werden. Außerdem ist die Auswahl mit viel Aufwand verbunden. Noch höher ist der Aufwand, wenn regelmäßig erworben werden soll.

Bei Fonds, unabhängig davon, ob sie aktiv oder passiv verwaltet werden, fallen alle bisher genannten Nachteile weg. Hier ist allerdings die Entscheidung zu treffen, ob in einen aktiven oder passiven Fonds investiert werden soll. Dieser Entscheidung liegt eine einfache Frage zugrunde: Kann ein aktiver Fondsmanager über einen langenZeitraum einen Index besser oder schlechter abbilden als ein passives Management?

Die Historie zeigt, dass dies höchstens in einigen, sich noch entwickelnden Märkten der Fall ist. Das liegt daran, dass diese

Märkte sehr dynamisch sind und gut informierten Fondsmanagern einige Möglichkeiten eröffnen. Zugleich sind ETFs in solchen Märkten vergleichsweise teuer. Das liegt oftmals daran, dass die Märkte technisch noch nicht effizient sind und bei ETFs daher hohe administrative Aufwendungen entstehen. In allen übrigen Märkten, also gut 75 Prozent des weltweiten Aktienmarktes, gelingt es aktiven Fondsmanagern nur sehr selten, den Index zu übertreffen. Je länger der Betrachtungszeitraum ist, desto weniger aktiv verwaltete Fonds bleiben bestehen.

Aus den genannten Gründen ergibt sich im Umkehrschluss, dass ETFs stets einen Vorteil gegenüber allen anderen Anlageformen bieten. Nicht zu unterschätzen ist der immense Kostenvorteil von ETFs.

Kritische Aspekte und positive Faktoren bei ETFs

Bei allen Vorteilen darf nicht übersehen werden, dass ETFs auch mit Nachteilen verbunden sind. Diese bestehen vor allem bei synthetischer Replikation. Dies lässt sich wie folgt erklären:

Aktienfonds erwerben üblicherweise Aktien. Sie erwerben also unmittelbare Eigentumsrechte an den jeweiligen Unternehmen. ETFs gehen in der Praxis jedoch anders vor. Sie replizieren die Aktien, anstatt sie zu kaufen. Das bedeutet, dass Kursschwankungen des jeweiligen Index über Derivate abgebildet werden, die mit Banken abgeschlossen werden. Der

Grund hierfür ist in aller Regel, dass dadurch operative Kosten gespart werden können. Diese Konstruktion führt jedoch zu einem höheren Risiko für die Anleger.

Weil ETFs immer beliebter werden, muss auch beachtet werden, dass am Markt immer mehr Anbieter agieren. Nicht alle davon sind seriös und nicht jedes Produkt, das auf den ersten Blick ein ETF ist, hält einem zweiten Blick stand. Es werden auch Aktien-ETFs angeboten, die keinen Index abbilden, sondern eine individuelle Anlagestrategie verfolgen. Diese Strategie basiert oft auf der Auswertung von Unternehmensdaten. Dies ist zum einen komplex und zum anderen teuer.

Da ETFs eine passive Anlagestrategie verfolgen, wird bei dieser Form des Index-Investments das Managerrisiko ausgeschaltet. Dadurch werden systemische Risiken minimiert. Außerdem besteht dadurch die Möglichkeit einer Outperformance: Da auf lange Sicht bei aktiven Fonds die Kosten das größte Problem darstellen, bietet ein passiver Fonds eine Möglichkeit, langfristig besser als der Vergleichsfond zu sein.

Wie vorab dargelegt, beziehen sich die meisten ETFs mittlerweile nicht mehr auf gängige Standardindizes. Vielmehr decken sie Randthemen und Randmärkte ab, erschließen neue Anlagemöglichkeiten und ermöglichen neue Strategien für

Privatanleger. ETFs sind in diesem Zusammenhang eine Möglichkeit der Portfolio-Optimierung.

Der Einsatz von ETFs in der Portfolio-Optimierung wird immer bedeutender. Das liegt insbesondere an den stetig steigenden Handelsvolumina und der stark steigenden Anzahl von ETFs, die am Markt angeboten werden. Der Erfolg spricht für sich, dennoch verbleibt die zentrale Frage, wie ETFs in der Vermögensverwaltung eingesetzt werden können.

Wie beschrieben, können aktive Fondsmanager oftmals die Benchmark nicht übertreffen. Diese Einschätzung hängt allerdings stark vom gewählten Zeitraum ab. Außerdem hängt die Einschätzung auch von der gewählten Benchmark ab, die der Fonds für sich selber bestimmt. Legt man für aktive Fonds einen einheitlichen Index als Benchmark zugrunde, können je nach Auswahl des Referenzindex unterschiedliche Ergebnisse entstehen.

Unabhängig davon, wie aktive Fonds bewertet werden, bestehen aber stets Gründe für den Einsatz von ETFs in der Portfolio-Optimierung. Einerseits dann, wenn angenommen wird, dass sie effizienter agieren als aktive, andererseits dann, wenn es um die Optimierung von Portfolios geht. ETFs bieten Zugang zu neuen Märkten. Deren Erschließung stellt einen zentralen Vorteil der ETFs dar. Sollen kleine Märkte erschlossen werden, wird sich kaum ein aktiver Fondsmanager finden, der sich darauf einlässt. Bei ETFs spielen die mit kleinen Märkten verbundenen Risiken hingegen keine Rolle. Tatsächlich ist das Gegenteil der Fall: Das immer steigende Angebot an ETFs ist der Tatsache geschuldet, dass immer mehr Nischenmärkte erschlossen werden können.

Bewertung und Analyse von ETFs

Um von den Vorteilen von ETFs profitieren zu können, ist es notwendig, die richtigen ETFs im Prozess einer Portfolio-Optimierung auszuwählen. Dies erfordert einen Analyseprozess. Dieser bezieht sich weniger auf den ETF selbst, als vielmehr auf den zugrunde liegenden Index. Daher muss bei der Auswahl eines ETF immer auch der dazugehörige Index analysiert werden.

So einfach der Grundgedanke eines ETF ist, einen Index abzubilden, so komplex ist die Praxis. Dies zeigt sich umgehend darin, dass manchmal erhebliche Lücken zwischen Index- und ETF-Entwicklung entstehen. Nicht jeder Index bietet eine gute Abdeckung des Zielmarktes. Transparent kann ein ETF außerdem nur sein, wenn der Anbieter alle notwendigen Informationen zur Verfügung stellt.

Um den richtigen ETF auszusuchen, müssen Anleger sowohl die „Hülle“ untersuchen als auch den dahinter stehenden Index. Nur durch diesen ganzheitlichen Ansatz kann die Qualität des ETF bewertet werden.

Eine bewährte Methode ist das Rating. Um eine hohe Marktabdeckung und Neutralität zu gewährleisten, erfolgt ein Rating grundsätzlich ohne Auftrag des Produktanbieters. Ratings und Analysen werden in eigenem Auftrag durchgeführt. Dabei werden alle Produkte und Anbieter berücksichtigt. Die Benotung erfolgt auf Ebene einzelner Panels. Jedes Panel führt bestimmte Einzelkriterien auf. Diesen wird je nach Merkmalsausprägung ein nummerischer Wert von eins bis zehn zugewiesen. Zehn stellt die höchste Benotungsstufe dar. Im zweiten Schritt wird die Note des Panels berechnet, die sich aus dem gewichteten Durchschnitt aller Kriterien ergibt.

Die Gesamtbewertung ist die Summe der einzelnen Panels, etwa:

- Panel 1: 40 Prozent
- Panel 2: 35 Prozent
- Panel 3= 25 Prozent

Die Verdichtung führt zu einer Gesamtnote, die in der Regel mit Sternen dargestellt wird:

- Fünf Sterne = hervorragend
- Vier Sterne = sehr gut
- Drei Sterne = gut
- Zwei Sterne = mäßig
- Ein Stern = schlecht

Die gewählten Qualitätskriterien für ETFs gliedern sich in drei Panels:

- Produktqualität
- Indexqualität
- Informationsqualität (Transparenz)

Ziel der Analyse ist in diesem Sinne eine qualitative Aussage über das Gesamtinvestment. Die einzelnen Panels lassen sich wie folgt beschreiben:

- Produktqualität: Hier wird der ETF-Mantel geprüft. Ein wichtiges Kriterium ist die Replikationsqualität, also die Genauigkeit, mit der der Indes widergespiegelt wird. Außerdem werden in diesem Panel Gebühren und die Liquidität berücksichtigt. Insbesondere die Replikationsqualität ist aus Sicht des Anlegers bedeutend, da dies die eigentliche Aufgabe eines Indexproduktes ist. Ebenso sind die anfallenden Kosten essentiell, weil diese die Rendite schmälern können.
- Indexqualität: Hier wird der Inhalt des ETF bewertet. Dabei werden drei Aspekte betrachtet, konkret (1) der Repräsentations- und Reinheitsgrad, (2) die Indexstreuung und (3) die Indexberechnung. Der Repräsentationsgrad umfasst eine Marktanalyse. Gut werden Indizes bewertet, die einen breiten Markt abdecken. Der Reinheitsgrad beschreibt, wie sauber der

Index thematisch und inhaltlich abgebildet wird. Werden beispielsweise Unternehmen beigemischt, die das Thema nur am Rande abbilden, kann es zu strukturellen Risiken für die Anleger kommen. Wie bei allen Anlagen spielt auch bei ETFs die Diversifikation eine tragende Rolle. Je höher diese ist, desto besser wird der ETF bewertet. Wesentliche Kriterien in diesem Panel sind außerdem die Indexsteuerung, also die Flexibilität einer Indexkonstruktion, sowie die Kursqualität.

- Informationsqualität (Transparenz): Vor dem Hintergrund der stark ansteigenden Zahl an ETFs am Markt spielt die Transparenz eine entscheidende Rolle. ETFs sind zwar per se transparent, allerdings hängt die Bewertung davon ab, wie ernst die ausgebende Kapitalgesellschaft die Pflicht nimmt, Anleger über Basiswerte und Märkte zu informieren. In die Bewertung wird also einbezogen, wie der Pflicht nachgekommen wird, über Risiken und Funktionsweisen der zugrunde liegenden Märkte zu informieren. Wesentliche Kriterien sind Informationen zum ETF, zum Basiswert, zu Kursen, sowie zu Kennzahlen.

Werden die beschrieben Faktoren berücksichtigt, sind ETFs eine attraktive Möglichkeit, Portfolien zu konstruieren und unter möglichst vielen Marktentwicklungen zu tragbaren Ergebnissen zu führen.

An der Börse: Prozesse und Strategien

Zum erfolgreichen Anlegen gehört nicht nur ein Know-How über Aktien, ETFs und Anlagestrategien. Ebenso wichtig sind Kenntnisse über die allgemeinen Vorgänge an der Börse, über Märkte und Prozesse und nicht zuletzt über die psychologischen Aspekte der Anleger.

Anlageplan

Wer erfolgreich am Aktienmarkt agieren möchte, muss stets beachten, dass Traden nicht mit Zocken verwechselt werden darf. Aktienanlage ist harte Arbeit, die Know-How und Vorbereitung erfordert. Der Handel an der Börse ist nur für Menschen geeignet, die

- nicht an Entscheidungsschwäche leiden, und
- gelernt haben, eigene Anlagestrategien zu entwickeln und diesen zu vertrauen.

Für private Anleger gelten die Grundsätze des Tradens ebenso wie für professionelle Anleger, allerdings in geringerem Maße. Privatanleger haben den Vorteil, flexibler zu sein und individuelle Handelsstrategien entwickeln zu können. Dafür ist es notwendig, die notwendigen Techniken der Aktienbewertung und Aktienanalyse zu kennen. Ebenso notwendig ist es, einen Plan aufzustellen. Wesentliche Bestandteile dieses Plans sind in der nachfolgenden Tabelle dargestellt.

1. Stufe	Ziele definieren	
2. Stufe	Risikomanagement	Marktauswahl, Anlagestrategie, Test der Strategie, Diversifizierung
3. Stufe	Geldmanagement	Einstiege, Ausstiege, Stopps, Positionsgrößen

Alle drei Stufen des Plans sind essentiell für den Anlageerfolg. Ziele sind die erste Stufe. Diese müssen vollständig formuliert werden:

- Das Ziel muss eine Richtung haben.
- Das Ziel muss messbar und/oder vergleichbar sein.
- Das Ziel sollte einen zeitlichen Bezug haben.

Das inhaltliche Ziel von Anlegern scheint auf den ersten Blick eindeutig: Vermehrung des Vermögens. Doch diese Vorgabe ist für die Anlagepraxis unbrauchbar, da sie nicht explizit genug formuliert ist. Sinnvoll ist es etwa, ein materielles Ziel zu formulieren. So sind Sie als Anleger in der Lage, die tatsächliche Performance an den eigenen Vorgaben zu messen. Wichtig ist, dass die Ziele realitätsnah formuliert werden und nicht unverhältnismäßig sind. Wichtig ist nicht nur die inhaltliche Definition, sondern auch ein zeitlicher Bezug. Ziele können sich auf unterschiedliche Zeiteinheiten beziehen, also Monat, Woche, Tag.

Der nächste Schritt ist das Risikomanagement. Hierbei geht es um ein systematisches Erfassen, Bewerten und Streuen von Risiken. Das Risikomanagement bezeichnet dabei alle generellen Regeln zur Kontrolle des Risikos. Das Risikomanagement sollte Notfallpläne, die Auswahl der Märkte und die Definition von Verlustgrenzen pro Tag oder Anlageobjekt enthalten. So wird ein übergeordneter Zusammenhang der Anlagetätigkeit ermöglicht. In diesem Zusammenhang sollten auch die zwei Hauptgründe berücksichtigt und umgesetzt werden, die regelmäßig dafür sorgen, dass Anleger scheitern:

- Dem Anleger fehlen das Wissen und die notwendigen Instrumente.
- Der Anleger ist emotional nicht in der Verfassung, seine Strategie umzusetzen.

Wissen und Instrumente können von jedem Anleger erarbeitet werden. Damit verbleibt die Notwendigkeit, sich diszipliniert an die Strategie zu halten. Wer als Anleger Probleme damit hat, seine selber aufgestellten Anlageregeln einzuhalten, sollte den Handel pausieren und die Ursache für dieses Problem ergründen. Die Ursachen sind psychologischer

Natur, sodass es notwendig ist, sich auch mit den psychologischen Aspekten auseinanderzusetzen.

Zum Risikomanagement gehört in diesem Sinne auch, sich mit der eigenen Risikoeinstellung auseinanderzusetzen. Es ist wichtig, zu bestimmen, wie viel man selber bereit ist, bei einem einzelnen Trade maximal zu verlieren. Verluste sind kein „vielleicht", sondern ein „wann". Wer langfristig anlegt, wird gewinnen und verlieren.

Die dritte Stufe besteht aus dem Geldmanagement. Hierbei geht es um die Kontrolle einzelner Trades nach den übergeordneten Regeln des Risikomanagements. Hier treten Überschneidungen zwischen Geldmanagement und Risikomanagement auf. Beide Stufen müssen mit den Zielen in Einklang stehen. Es geht demnach nicht nur darum, das eigene Risikolevel zu bestimmen, sondern auch darum, den eigenen Erwartungswert zu formulieren. Jeder Anleger sollte bereits vor der Transaktion den Erwartungswert der ausgesuchten Strategie kennen. Es gilt daher, das Gesamtpaket zu bewerten: Chancen-Risiken-Erfolgswahrscheinlichkeit.

Hierbei müssen folgende Entscheidungen getroffen werden:

- Setup: Anleger haben eine große Auswahl und können ihr Setup frei wählen. In der Chartanalyse können verschiedene Kursdarstellungen gewählt werden, auch zahlreiche Indikatoren stehen zur Verfügung.

- Positionsgröße: Die Positionsgröße ist von den jeweiligen Risikoüberlegungen und der Kontogröße abhängig. Ein funktionales System zur Bestimmung ist, dass im Gewinnfall das Risiko erhöht wird und im Verlustfall reduziert.
- Stoppmanagement: Stopps sind ein wesentlicher Bestandteil des Geldmanagements. Dabei handelt es sich um vom Anleger definierte Ausstiegspreise aus seiner Position. Sobald ein Stoppkurs erreicht wird, wird eine Limitorder ausgeführt. So sichert sich der Anleger vor übergroßen Verlusten und hält erzielte Gewinne fest.
- Verlustbegrenzungsstopp: Anleger müssen flexibel bleiben können. Dennoch gibt es bei jeder Anlage einen Zeitpunkt, zudem der Anleger aus finanziellen Erwägungen aus einer Anlage mit Verlust ausscheiden sollte. Der Verlustbegrenzungsstopp wird dort gesetzt, wo eine der übergeordneten Regeln des Anlegers ein Schließen der Position nahelegt.
- Break Even Stopp: Diese Stoppvariante gehört zu den psychologisch motivierten Stoppkursen. Sie erlaubt es Anlegern, emotional unabhängig zu urteilen. Break Even, also die Gewinnschwelle, meint in diesem Sinne

den Einstiegskurs, der dem Anleger ein risikoloses weiteres Abwarten erlaubt. Ein zu frühes Nachziehen des Stopps von der Verlustgrenze auf den Break Even nimmt der Anlage den Raum zum Atmen.

- Gewinnstopp: Es gibt auch Situationen, in denen der Anleger keinen Ausbruch des Kurses über ein bestimmtes Niveau erwartet. Die Wahrscheinlichkeit steigt in Phasen ausgesprochener Seitwärtsmärkte. Hier macht es Sinn, mit einem Gewinnstoppkurs zu arbeiten.
- Trailing Stopp: Hierbei handelt es sich um einen nachziehenden Gewinnsicherungs-Stopp. Dieser funktioniert in Trendmärkten sehr gut. Der Stopp wird im Gewinnfall nach einem vorher festgelegten System nachgezogen. Die erste Stufe ist meist das Nachziehen auf den Break Even. In diesem Sinne ist der Trailing Stopp eine Kombination aus Stoppkurs und einer Marketorder.

Psychologische und emotionale Aspekte

Wie an verschiedenen Stellen in diesem Ratgeber angemerkt, dürfen die psychologischen Aspekte bei der Anlage nicht unterschätzt werden. Psychologische Erfolgsfaktoren sind die folgenden:

- Disziplin: Beim Anlegern bedeutet Disziplin, das zu tun, was in der eigenen Anlagestrategie festgelegt wurde.

Die Strategie sollte nicht geändert werden, egal, wie vielversprechend eine konkrete Situation gerade ist. Das bedeutet, gute Chancen auszunutzen, Stoppkurse konsequent zu verfolgen und Risikoregeln orientiert zu setzen. Außerdem zählt hierzu auch die notwendige Ernsthaftigkeit, mit den eingesetzten Finanzinstrumenten umzugehen.

- Geduld: Ohne Geduld ist es nicht möglich, langfristigen Anlageerfolg zu generieren. Ungeduld führt zu falschen Entscheidungen und damit zu Verlusten.
- Erfahrung: Wie in vielen anderen Bereichen des Lebens gilt auch beim Anlegen, dass Erfahrung ein wesentlicher Erfolgsfaktor ist.

Doch nicht nur die individuellen psychologischen Faktoren spielen eine Rolle am Aktienmarkt. Der Markt besteht aus zahlreichen Akteuren, die gemeinsam das Geschehen am Markt bestimmen. Der Einfluss der Psychologie auf das Börsengeschehen wurde über viele Jahre in zahlreichen Studien belegt. Börsenkurse werden nicht nur durch Fakten und Daten, sondern auch von der Meinung und Entscheidungsfindung unzähliger Anleger bestimmt. Forscher wie André Kostolany gehen gar von einem Einfluss der Psychologie auf Aktienkurse von 90 Prozent aus.

Nicht zu unterschätzen sind Massenphänomene an der Börse. Viele Anleger orientieren sich an anderen Investoren, andere wiederum verhalten sich bewusst entgegengesetzt zur Mehrheit. Emotionen wie Angst und Gier verursachen Überreaktionen, die zu Börsenkrisen führen können. Daraus folgen allgemeine Tipps, wie am „psychologischen Aktienmarkt" agiert werden sollte:

- Ein sicheres Anzeichen für eine Börsenkrise sind hohe Kurs-Gewinn-Verhältnisse. Die Emotion Gier verhindert oftmals das rechtzeitige Aussteigen vor einem Crash. Besonders Kleinanleger verkaufen ungern unter dem Einkaufspreis und nehmen mögliche Kursverluste in Kauf.
- Angst ist ein schlechter Berater – auch an der Börse. Angst führt zu mangelnder Vorsicht und zu falschen Entscheidungen. Eine zu starke materielle Orientierung kann das Verhalten zusätzlich negativ beeinflussen. Auch Gier verhindert vernünftige Entscheidungen.
- Oft ist es sinnvoll, an der Börse einzusteigen, wenn die Stimmung auf dem Tiefpunkt ist. Börsen neigen sowohl im Positiven als auch im Negativen zu Übertreibung, sodass man gerade in einem Tief davon ausgehen kann, dass eine Übertreibung vorliegt. Dies ist ein guter Einstiegszeitpunkt.
- Bei Aktienkäufen empfiehlt es sich, nachzufragen, ob und warum ein Analyst einen bestimmten Wert präferiert. Es ist außerdem sinnvoll, vor Käufen

unterschiedliche Informationsquellen einzubeziehen und Unternehmensdaten kritisch zu prüfen.

Behavioral Finance

Der Zusammenhang zwischen Psychologie und Börse wird in der Behavioral Finance untersucht. Der Fokus liegt auf dem Einfluss der Anlegerpsyche auf das Börsengeschehen. Die Wahrnehmung des Anlegers und seine Entscheidungsprozesse werden zum zentralen Untersuchungsgegenstand.

Als Anleger sollten zumindest die wichtigsten Aussagen der Behavioral Finance zu Massenphänomenen bekannt sein:

- Massen entwickeln eine Kollektivseele. Das bedeutet, dass einzelne Menschen in der Masse völlig anders reagieren als sie es als Einzelwesen tun würden. Die Handlungsweisen verändern sich, es entsteht eine Art Kollektivseele. Menschen innerhalb einer Masse fühlen sich miteinander verbunden. Intellektuelle Funktionen werden reduziert, unbewusste Anteile wiegen stärker.
- Massen fühlen sich stark. Die Masse erzeugt das Gefühl unüberwindlicher Macht. Anonymität reduziert das Verantwortungsgefühl.
- Das Gesamtinteresse infiziert das Einzelinteresse. Dies wird als emotionale Ansteckung bezeichnet. Jedes Gefühl und jede Handlung ist in der Masse übertragbar.

Einzelinteressen werden dem Gesamtinteresse der Masse geopfert.

- Einfache Gefühle herrschen vor. Dazu zählen Impulsivität, Ungeduld, Reizbarkeit.
- Meinungen und Gerüchte schaukeln sich hoch. Pressekampagnen können das Meinungsbild der Masse stark formen.

Selbst mit ausreichend Kenntnis über Massendynamiken ist es für den einzelnen oftmals schwierig, sich abzugrenzen. Anleger verhalten sich in der Masse aus diesem Grund oft wie Lemminge. Sie kaufen, weil alle kaufen und verkaufen, weil alle verkaufen. Das Ansteckungspotenzial ist hoch, vor allem, wenn Angst vorherrscht, denn diese ergreift so gut wie alle Marktteilnehmer. Doch was ist die Lösung?

- Es ist notwendig, viel kritisches Bewusstsein zu haben und ausreichend Ich-Stärke, um Ansichten der Masse abzuwehren. Dies gilt vor allem dann, wenn diese scheinbar gut begründet sind.
- Ideal ist die Kombination von langfristigen und kurzfristigen Trends. Diese Orientierung ist wichtiger als Nachrichten in Fernsehen, Radio und Zeitungen, denn diese spiegeln in erster Linie Stimmungen wider. Gegenseitige Potenzierungseffekte führen schnell zu einer überschäumenden Euphorie. Anleger springen

schnell auf den „fahrenden Zug“ auf, da Gier oft stärker ist als rationale Überlegung.

- Stark ansteigende Kurs steigen immer eine große Gefahr dar, weil sie die Phase einer extremen Übertreibung bereits erreicht haben können.
- Oft sind nicht die fundamentalen Daten der Grund für schwankende Kurse, sondern die Angst davor.

Es macht vor diesem Hintergrund umso mehr Sinn, sich im Vorfeld der Anlage detailliert mit dem Know-How, den Hintergründen und der eigenen Anlagestrategie auseinanderzusetzen. Diese Vorarbeit alleine sollte die langfristige Anlage bestimmen, keine psychologischen Massenphänomene.

Dies ist zugleich das Erfolgsgeheimnis jener Anleger, die an der Börse langfristig erfolgreich sind: Sie sind im Stande, langfristig zu planen und ihre Performance zu verbessern, weil sie bei der Informationsbeschaffung gründlich vorgehen und dadurch fähig sind, nüchterne Beurteilungen vorzunehmen. Nur, wer ausreichend Informationen gesammelt hat, ist in der Lage zu beurteilen, ob er eine Entscheidung selbstständig oder im „Schwarm“ der Anleger getroffen hat.

Börsenkompetenz

Was zählt nun also zur Börsenkompetenz? Der Großteil dieses Ratgebers beschreibt die wesentlichen Grundlagen zu

Aktien, Aktienanlage und ETFs. Dabei handelt es sich um die fachliche Kompetenz. Doch die allein ist nicht (mehr) ausreichend, um an der Börse erfolgreich zu sein. Ebenso wichtig ist die psychologische Börsenkompetenz.

Warum ist das so?

Die technischen Voraussetzungen für den Börsenhandel werden immer besser. Das vereinfacht einerseits den Handel mit Wertpapieren, andererseits ist es zugleich der Grund dafür, warum der Anleger selbst und seine Entscheidungskriterien immer wichtiger werden. Charts und Daten können per Mouseclick erzeugt und abgerufen werden – nichts einfacher als das. Doch wie geht es weiter? Hier kommt die Psychologie des Anlegerverhaltens zum Tragen. Es geht dabei nicht nur um das Verhalten eines individuellen Anlegers, sondern auch um das Verhalten der Anlegermasse, die in ihrer Gesamtheit einen wesentlichen Teil des Aktienmarkts ausmacht. Kurse werden massiv dadurch beeinflusst, doch diese psychologischen Fallstricke werden nach wie vor gerne übersehen und von individuellen Anlegern unzureichend berücksichtigt.

Das ist problematisch, denn gerade die psychologischen Hintergründe von Anlegerentscheidungen sind es, die das Börsengeschehen beeinflussen. Das liegt daran, dass der Großteil der Anleger Entscheidungen in relativer Uninformiertheit trifft bzw. treffen muss. Die Tatsache, dass

Nachrichten und Börsenberichte aufgrund der Digitalisierung 24 Stunden am Tag, sieben Tage die Woche verfügbar sind, verstärkt dies noch. Oft führen zufällig gelesene Berichte dazu, dass eine Kauf- oder Verkaufsentscheidung getroffen wird. Meinungsbildung geschieht also selten aufgrund fundierter Informationen. Stattdessen spielen Vermutungen eine große Rolle. Dass dies keine Ausnahmen sind, sondern für den Großteil der Anleger gilt, zeigt die Tatsache, dass viele Marktbewegungen nicht bzw. ausschließlich durch irrationale Reaktionen erklärbar sind. Keine Charts, Fundamentalanalysen oder Prognosen, seien sie noch so mathematisch korrekt, konnten derartige Marktbewegungen voraussagen oder erklären. Erst durch Einbeziehung der Psychologie wurden irrationale Marktbewegungen erklärbar.

Woran liegt das?

Es darf nie übersehen werden, dass an der Börse in erster Linie Erwartungen gehandelt werden. Der Handel mit Aktien und anderen Wertpapieren basiert fast ausschließlich auf der Erwartungshaltung der Anleger, Renditen zu erhalten. Erwartungen sind emotional besetzt, sodass Gefühle schnell die Oberhand gewinnen können. Der Effekt wird verstärkt, weil gleichlaufende Erwartungshaltungen vieler Anleger sich potenzieren. Dies ist mit einem Lawineneffekt vergleichbar.

Einzelnen Anlegern ist es kaum möglich, sich derartigen Effekten zu entziehen. Die Historie zeigt, dass es an der Börse – trotz vermeintlich besseren Wissens – immer wieder zu Panikverkäufen kam, die den ohnedies schon fallenden Kurs noch weiter abwärts führten. Angst ist, wie bereits beschrieben, ein schlechter Ratgeber. Das Problem dieser Entwicklung ist, dass selbst nüchtern denkende Anleger einer solchen Bewegung zum Opfer fallen. Alleine ist es nicht möglich, etwas gegen den Trend der Masse auszurichten.

Doch das bedeutet nicht, dass Sie als Anleger diesen Bewegungen völlig ausgeliefert sein müssen. Pragmatisch und nüchtern agierende Anleger antizipieren künftige Massenverhalten und können entsprechend reagieren. So führt etwa gesteigerte Angst am Börsenmarkt in der Regel zu Übertreibungen. Dabei handelt es sich um ein zyklisches Verhalten, das sich auch im Dow Jones Index widerspiegelt. Der Index gerät etwa alle vier bis sechs Jahre mit bis zu 30 Prozent in eine Verlustphase.

Während allerdings Ängste sich vor allem in kurzen, markanten Kurseinbrüchen widerspiegeln, verlaufen Erholungen meist zögerlich und über längere Zeiträume.

- Jeder gute Anleger sollte darüber Bescheid wissen und sich gerade aus diesem Grund den Stimmungen an der

Börse bewusst entziehen. Nur, wer auf Distanz geht, kann Massenphänomene abwehren.

- Ein guter Anleger sollte sich außerdem auch immer seine maximale Verlustbereitschaft bewusst machen. Wie vorab aufgezeigt, sind Stoppmarken essentiell, denn ein Engagement ohne Stoppmarken ist sehr risikoreich und daher nicht zu empfehlen.
- In diesem Sinne sollte die Börse auch als Lernsituation verstanden werden, in der Sie als Anleger in der Lage sein müssen, Verluste in Kauf zu nehmen.
- Der Erfolg an Finanzmärkten ist zu rund 80 Prozent, manche Studien unterstellen gar 90 Prozent, psychologisch bestimmt. Der Rest des Erfolgs entfällt auf die richtige Anlagestrategie.
- Eine scheinbar billige Aktie kann noch erheblich im Kurs zurückgehen. Ebenso kann eine Aktie, die bereits einen sehr hohen Kurs hat, wesentlich steigen. Meinungen und Gerüchte spielen hier eine wichtige Rolle und beeinflussen die Kurse hin zu Extrempositionen. Erst eine Trendumkehr führt wieder zu realistischen Kurseinschätzungen.
- Einen stabilen Trend zu erkennen, ist eine Kunst. Beschäftigen Sie sich daher sehr gut mit diesem Know-How.

- Anlageerfolge können nur erzielt werden, wenn das Börsengeschehen systematisch analysiert wird. Dazu gehört auch eine gewisse Distanz, sowie diszipliniertes und konsequentes Vorgehen.

Außerdem sollte die Risikoabwägung auch aus psychologischer Sicht mit Bedacht vorgenommen werden. Nur, wer in der Lage ist, das Risiko einer Anlage selbständig zu bestimmen, kann sich Massenphänomenen entziehen. Um dies zu tun, gibt es verschiedene Anknüpfungspunkte:

- Jedem Anleger muss bewusst sein, dass die Risikoeinschätzung immer höchst subjektiv ist. Sie ist objektiv nicht nachvollziehbar. Aus diesem Grund spielen subjektive Faktoren bei der Risikoeinschätzung eine bedeutende Rolle.
- Die Standardabweichung kann als Maß für das Risiko einer Anlage herangezogen werden. Dennoch wird es von Privatanlegern selten in die Anlageentscheidung einbezogen.
- Ein weiteres Maß für die Risikoeinschätzung ist der Betafaktor. Er gibt an, ob die Kursentwicklung eines Einzelwertes und jene des ganzen Marktes in dieselbe Richtung verlaufen.

- Die Risikoeinschätzung einer Anlage hängt auch von der vorangegangenen Kursentwicklung ab. Ein positiver Verlauf steigert die Risikobereitschaft.

Typische Anlagefehler

Zuletzt soll noch auf typische Anlagefehler hingewiesen werden. Ein Wissen darüber bereitet Sie auf die Probleme der Massenphänomene vor.

- Zu hoher Immobilienanteil: Viele Anleger investieren mehr als 75 Prozent in Immobilien. Es handelt sich um eine konventionelle Anlagestrategie, die mit Sicherheit verbunden wird. Hierbei werden gern Renditechancen ausgeblendet, weil das eigene Sicherheitsbedürfnis zu stark ausgeprägt ist.
- Aktienfonds: Wie in diesem Ratgeber aufgezeigt wurde, sind Aktienfonds bzw. Aktien-ETFs eine ideale Anlageform für Privatanleger. Dennoch befinden sich in knapp der Hälfte aller Kundendepots keine Aktien. Auch hier spielt das Sicherheitsbedürfnis eine tragende Rolle und ist zu stark ausgeprägt. Aktien werden nach wie vor in ihrem Risikopotenzial überschätzt. Dies zusammen mit einer ängstlichen Persönlichkeitsstruktur führt zu mangelhaften Anlageentscheidungen.
- Festverzinsliche Wertpapiere: Auch der Anteil an festverzinslichen Wertpapieren ist oft zu hoch. Auch

hier zeigt sich das starke Sicherheitsdenken der meisten Anleger. Ein Grundstock an festverzinslichen Wertpapieren ist sinnvoll, hier sollte aber nicht übertrieben werden.

- Neuemissionen: Neuemissionen von Aktien sind bei Anlegern sehr beliebt, weil häufig erhebliche Kurssteigerungen erwartet werden. Allerdings werden Neuemissionen häufig überzeichnet. Dieses Phänomen weckt zusätzlich die Begehrlichkeit, die sich anschließend auf den Kurs auswirkt. Die anfängliche Euphorie ist groß, doch sehr oft folgt nach sechs bis acht Wochen der Rückschlag. Dies lässt sich bei fast 75 Prozent der Neuemissionen beobachten.
- Neue Medien: Die Möglichkeiten der neuen Medien lassen Kurse erheblich schwanken. Immer mehr Aktienkäufe und -verkäufe werden online getätigt. Auch die Informationen werden online recherchiert. Das Internet sorgt dafür, dass jede noch so unerhebliche Nachricht sofort stark verbreitet wird. Die Aussagekraft der Nachricht wird dadurch potenziert und kann eine Stimmungslawine in Gang setzen. Es ist daher notwendig, Nachrichten und deren Wert richtig einzuschätzen.
- Dispositionseffekt: Dieser psychologische Effekt führt dazu, dass verlustreiche Anlagen zu lange gehalten

werden, weil die Hoffnung gehegt wird, dass die Kurse wieder steigen können. Diese Hoffnung erfüllt sich aber nicht immer.

- Sympathiefehler: Dieser psychologische Fehler kann schnell auftreten, wenn eine persönliche Beziehung zu Firmeninhabern besteht. Dies führt dazu, dass falsche Empfehlungen abgegeben werden. Dadurch wird die Objektivität beeinträchtigt.
- Angst vor der Angst: Es kann nicht oft genug wiederholt werden: Angst ist ein schlechter Ratgeber. Dies zeigt sich besonders deutlich an folgendem Beispiel: Die Monate September und Oktober sind jene, die Anleger in der Regel am meisten beunruhigen, denn es handelt sich hierbei um die kritischsten Monate. Tatsächlich sind diese Monate aber für mutige Anleger die besten Monate für einen Einstieg.

Wer all die genannten Informationen zur fachlichen und zur psychologischen Kompetenz verinnerlicht, hebt sich von der Masse ab. Er wird vom Anfänger zum erfolgreichen Anleger.

Haftungsausschluss

Dieses Buch enthält Meinungen und Ideen des Autors / der Autorin und hat die Absicht, Menschen hilfreiches und informatives Wissen zu vermitteln. Die enthaltenen Strategien passen möglicherweise nicht zu jedem Leser, und es gibt keine Garantie dafür, dass sie auch wirklich bei jedem funktionieren. Die Benutzung dieses Buchs und die Umsetzung der darin enthaltenden Informationen erfolgt ausdrücklich auf eigenes Risiko. Haftungsansprüche gegen den Autor für Schäden materieller oder ideeller Art, die durch die Nutzung oder Nichtnutzung der Informationen bzw. durch die Nutzung fehlerhafter und/oder unvollständiger Informationen verursacht wurden, sind ausdrücklich ausgeschlossen. Das Werk, inklusive aller Inhalte, gewährt keine Garantie oder Gewähr für Aktualität, Korrektheit, Vollständigkeit und Qualität der bereitgestellten Informationen. Druckfehler und Fehlinformationen können nicht vollständig ausgeschlossen werden.

Impressum:
ZP Digital
Cavo Greco Avenue | Protaras 5296 | Cyprus
malta.publishing@gmail.co

Printed in Poland
by Amazon Fulfillment
Poland Sp. z o.o., Wrocław

85672556R00066